BOXE TA VIE AVANT D'ÊTRE KO

Création et adaptation graphiques : Antartik

ISBN : 978-2-0802-5088-9

Kelly Bessis

BOXE TA VIE AVANT D'ÊTRE KO

Flammarion

« Don't judge me by my successes, judge me by how many times I fell down and got back up again. »

Nelson Mandela

Sommaire

Avant-propos 9

1 Au cœur de ma vie : les premières années 17

2 La famille, mon socle 23

3 Girls band : mes sœurs 29

4 El padre : mon meilleur allié 35

5 Premier coup : l'agression 43

6 Dublin
« Come on » 53

7 Retour à la réalité : cœur brisé 61

8 Les bébés cœurs : Ben 65

9 Le mariage ou le début de la fin 75

10 Retour à la case départ : l'annulation 81

11 Coup de tête et coup de cœur : la Thaïlande 89

12 Le cœur du problème : convaincre
mes parents et l'hôpital 95

13 Haut les cœurs ! La parenthèse Kemer 99

14 La rage au cœur : La Thaïlande 103

15 Le cœur en morceaux : retour à Paris 111

16 Première claque professionnelle 115

17 Événementiel EBL 121

18 Opération CQP 125

19 Dada la coloc, l'appartement de tous les possibles 133

20 Un jour j'irai à New York avec toi : IFund Women 147

21 L'humanitaire 151

22 G comme... 155

23 Ce qui ne te tue pas te rend plus forte ! 163

24 La cerise sur le gâteau 169

25 Lâcher prise 177

26 Vaincre sa peur d'entreprendre 181

27 Kelly Bessis SA, la confiance retrouvée 185

28 Marley et la food 189

29 Les bonheurs simples 197

30 Cinq semaines au paradis : l'île de La Réunion 205

31 Insta vs Reality 213

Conclusion 219

Remerciements 221

Avant-propos

Si vous lisez ces lignes, c'est peut-être que mon histoire vous a interpellé, vous a touché. Peut-être avez-vous tout simplement aimé la couverture. Ou peut-être que le titre vous a donné envie d'en savoir plus. « Boxer la vie » : qu'est-ce que cela signifie ? Vous voulez le savoir ? Alors suivez-moi sur le chemin de la « gagne ». Ce ne sera pas un chemin linéaire et tranquille ; il y aura des creux, des bosses, des obstacles à franchir. Mais à l'arrivée, vous serez enfin vous-même.

Je m'appelle Kelly, j'ai aujourd'hui 29 ans, et presque toutes mes dents – attendez-vous à ce genre de blague tout au long du livre ; cela n'apporte rien, mais ça fait partie de moi ! Les gens qui me connaissent me disent cool, sympathique, souriante, un peu coquine, voire un peu fofolle. Une jeune femme normale, en somme. Pas Wonderwoman ; plutôt une héroïne du quotidien, comme vous.

J'ai toujours eu soif d'apprendre, de découvrir, de travailler sans relâche. Je suis « légèrement énormément » proactive. J'ai beaucoup de mal avec la non-activité, mais je me soigne... Enfin, j'essaie.

Je vis au gré de mes émotions et, durant ces cinq dernières années, j'ai eu de quoi vivre plusieurs vies. Je suis passée du chaud au froid, des rires aux larmes, de l'envie de tout arrêter à la révolte de vivre, de la chute au succès. Mais que serait la vie sans embûches, sans joie, sans combat, sans échecs et sans victoires ?

Jusqu'à aujourd'hui, je vivais à 200 à l'heure. J'agissais et, bien souvent, je réfléchissais ensuite. Connaissez-vous le modèle *Be Do Have*, « Je suis/Je fais/J'ai » ? Eh bien, j'étais tout le contraire. Mon modèle à moi, c'était *Do Have Be*, « Je fais/J'ai/Je suis ». Je privilégiais la forme sur le fond, encouragée par la société qui nous entoure et qui met en avant l'image, le paraître.

Alors, au cours des cinq années qui viennent de s'écouler, pour combler un manque, soigner mon mal-être, j'ai « boxé ma vie » en me noyant dans le travail. J'ai été au bout de moi-même parce qu'il me semblait que c'était le seul moyen de tenir debout, et je me suis épuisée. Aujourd'hui, je suis bien dans mes baskets, je n'ai plus rien à prouver, à me prouver, et « boxer la vie » a pris un autre sens. Aujourd'hui, « **JE SUIS, JE FAIS, J'AI** ». Ma priorité, désormais, ce n'est plus la forme mais le fond. Je me sens bien sans artifices, je suis dans le vrai. Je suis moi.

Attention, le travail fera toujours partie de moi. Mais après cinq ans d'excès, je réfléchis différemment. J'ai décidé de comprendre pourquoi je fonctionne ainsi et de m'accepter telle que je suis. Je m'autorise à être réellement moi, et rien que moi. Moi avec mes qualités et mes défauts. Moi avec mon corps. Moi avec mes pensées. Moi avec mes envies. Moi avec mon parcours, avec ma vie. Aujourd'hui, je me lève chaque matin avec une idée en tête : essayer d'être moi à 100 %.

Qui sommes-nous vraiment ? Qu'attendons-nous de la vie ? C'est pour répondre à ces questions que je me pose encore que j'ai décidé d'écrire ce livre. J'ai vécu l'écriture comme une thérapie : j'ai couché sur le papier tout ce que je n'ai pas dit, ce que je ne me suis pas autorisé à penser, ce que j'ai essayé de taire, de contourner, d'oublier, de combattre ces dernières années. Lorsqu'on écrit un livre fondé sur une vraie histoire, qui plus est sur sa propre histoire, on est assailli en permanence par toutes sortes de questionnements. Plus j'écrivais, plus j'avais le sentiment de baisser la garde, de casser ma carapace, de comprendre, d'accepter et d'avancer sans me voiler la face. D'aller vers la vérité. Cette vérité, je la dois aux personnes qui m'ont épaulée, encouragée, entourée. Qui s'intéressent à celle que je suis vraiment, qui me soutiennent sans me juger.

Je ne suis pas un gourou du développement personnel. Je ne suis pas une célébrité à la vie rêvée. Je n'ai pas la prétention de tout connaître ni de tout savoir. Je suis moi, avec mes forces, mes faiblesses, mon parcours – un peu atypique tout de même. Mais j'ai l'intime conviction que je ne suis pas la seule à ne pas avoir trouvé toutes les réponses. Peut-être qu'à travers mon histoire vous allez vous trouver, vous retrouver, et que nous allons avancer ensemble. Si, en me racontant, avec mes vérités et mes faiblesses, sans mensonges ni faux-semblants, je peux vous aider, ne serait-ce que le temps de la lecture de ce livre, à vous connecter à vous-même, à vous dépasser, à être vous, alors j'aurai gagné mon pari.

Ce livre, c'est mon histoire, mais pas seulement : c'est cinq ans de montagnes russes, trois mille cours de sport ; ce sont vos likes, votre présence sans faille qui m'ont permis d'en arriver là et qui m'ont donné la force de **boxer la vie**.

**MESDAMES, MESSIEURS,
BIENVENUE À BORD DE LA BESSIS AIRLINE.
ACCROCHEZ VOS CEINTURES,
LE VOL EN DIRECTION DE BOXETAVIE VA DÉCOLLER.
NOUS VOUS INFORMONS DÈS À PRÉSENT
QUE NOUS RENCONTRERONS
QUELQUES TURBULENCES,
MAIS AUSSI BEAUCOUP DE VÉRITÉS ET DE SOURIRES.
PARÉS AU DÉCOLLAGE ?**

3, 2, 1… GO !

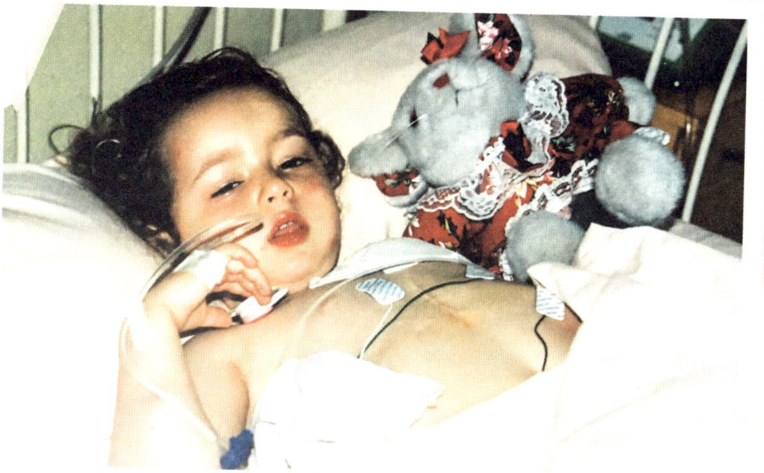

DEER MOUNTAIN

1

Au cœur de ma vie : les premières années

Le combat a commencé dès ma naissance. Le ring était mon cœur, la récompense était de vivre. Mes gants ? Un pacemaker.

Je suis née avec une malformation cardiaque ; trois petits trous dans le cœur, quatre mois d'hospitalisation, deux arrêts cardiaques, vingt cicatrices et beaucoup trop de machines autour de moi. Je n'ai que très peu de souvenirs des opérations, de cette période, de l'angoisse de mes parents et de ma famille. Un déni ? Peut-être. Une capacité d'adaptation et une rage de vivre? Sûrement. J'ai aussi la chance d'avoir toujours été bien accompagnée et d'avoir compris très tôt que ce pacemaker était mon allié, ma force, ma fierté. Pas la peine de se mentir : la pile qui alimente le pacemaker me maintient en vie. **SANS ELLE, PAS DE KELLY**.

Pendant l'écriture de ce livre, mes parents m'ont avoué que, à la suite du diagnostic, les médecins les avaient prévenus que je ne survivrais pas. Insoutenable, impensable pour eux. Alors a commencé la guerre des médecins, des protocoles et surtout des opérations. Et j'ai survécu. « Votre fille est une guerrière, une survivante. Elle s'est battue comme personne pour être en vie. Elle fera de grandes choses ! », leur ont-ils dit ensuite. Peut-être est-ce de ces premiers instants de vie incertains que je tiens mon tempérament.

Je n'ai jamais considéré que vivre avec un pacemaker était un handicap ou que j'étais malade. Depuis mon enfance, hormis certains sports, quelques attractions comme Spacemountain et les portiques dans les aéroports ce qui m'arrange bien, je gagne un temps fou !, je peux tout faire. Je vis une existence tout à fait normale. Seul impératif : changer la pile tous les six ans ; dix jours d'hospitalisation, et je repars pour un tour. C'est ce que je m'amuse à appeler le **DURACELLPOWER**.

Comme chaque enfant qui sent qu'il est légèrement différent des autres, j'ai traversé une période difficile de 12 à 15 ans. Au collège, puisque j'étais dispensée de sport afin de minimiser les risques pour ma santé, les autres élèves savaient que je portais un pacemaker. Si vous ajoutez mes cicatrices, vous avez le combo gagnant pour subir les moqueries de vos petits camarades de classe, qui ne manquaient pas d'imagination concernant les surnoms dont ils m'affublaient : « le robot », Irongirl, Duracell, Robocop... Avec le recul, je me dis que ces mots d'enfant sont plutôt flatteurs. Et ne sont pas si loin de celle que je suis devenue.

À 16 ans, j'ai eu la chance de pouvoir faire rectifier mes cicatrices, très disgracieuses car boursouflées, faites de creux et de bosses, grâce à la chirurgie esthétique. Faire lisser ma peau m'a permis de mieux accepter non seulement le regard des autres mais aussi mon propre regard. Je remercie mes parents de m'avoir proposé cette opération. Aujourd'hui, je suis fière de mes cicatrices et je n'ai ni peur ni honte de les montrer. Et même si, à 29 ans, j'entends encore parfois des réflexions, j'ai maintenant la maturité et la force de répondre. Je suis même capable de beaucoup d'autodérision. Par exemple, un jour que je portais un décolleté et que ma grande cicatrice apparaissait, quelqu'un m'a dit, avant même de me saluer: « Pas mal, la balafre! Il t'est arrivé quoi? » J'ai répondu: « Je me suis battue avec ton père! Non, plus sérieusement, je me suis fait agresser par un lion. »

Quand tu vis avec une différence, ta force, c'est le mental. Si tu es en accord avec toi-même, alors les autres te verront de la même manière. Ton assurance, ton image, et tout ce que tu décides de montrer est le reflet du regard que tu portes sur toi, de la connaissance que tu as de toi-même. Personnellement, lorsque je rencontre une personne, je ne parle pas immédiatement de pacemaker, mais je ne le cache pas non plus. Je n'en ai pas honte, bien au contraire; je ne veux pas attirer l'attention, faire pitié, me donner une image de malade ou devoir me justifier. Il n'est pas ce que je suis, mais il fait partie de moi. Évoquer ma particularité ne me pose aucun problème, mais je veux prouver que je suis comme tout le monde, aussi forte, comme si je n'avais pas ce problème au cœur, ce handicap. Je veux montrer à mes parents, qui ont vécu des mois de souffrance, à ma famille, aux autres, que je ne suis pas restée en vie pour rien et que je vais faire mon maximum pour les faire rire, vivre, danser, vriller, briller, ... « Allez arrête-toi là Kelly, on a compris le message. »

Je prends conscience de cette chance que j'ai d'être en vie. J'ai envie de la célébrer en profitant de chaque journée intensément, de me donner les moyens de me dépasser. Rien n'est dû au hasard: **je suis née avec la rage de vivre, l'envie d'aller toujours plus loin et toujours plus haut**, et ma malformation cardiaque n'en a été que le révélateur. Si j'avais un message à transmettre, ce serait

« DÉPASSE-TOI !
DONNE-TOI
LES MOYENS
DE TES RÊVES. »

ET SURTOUT

« YOU CAN DO ! »

2

La famille, mon socle

J'ai eu la chance d'avoir une très belle enfance et de grandir dans une famille où le mot d'ordre était l'Amour. L'amour avec un grand A, la fête, les retrouvailles le dimanche chez Mamie, les week-ends-Noël-vacances à Quiberon. Je ne remplacerais ces moments pour rien au monde. Mes racines font de moi un sacré mélange. Je suis le fruit du côté breton de ma mère, symbolisé par la gourmandise, l'esprit de famille, l'amour de Mamie Céline, et du côté tunisien de mon père, caractérisé par l'esprit chaleureux, festif et drôle. Comme toute famille, nous avons connu des embrouilles, des déceptions, des cris, des incompréhensions. Des séparations. Mais ça reste nous.

Ma famille répond au schéma classique de la famille recomposée : des parents divorcés l'année de mes 8 ans, puis deux nouvelles familles, celle de Maman (avec mes deux sœurs, une grande et une petite) et celle de Papa (avec ma belle-mère et mon petit frère). Mais nous conservons une passion commune : les réunions de famille, les bons repas et les retrouvailles.

Ma famille est mon pilier. Ma force. Le nerf de ma guerre. Et moi, **je suis sa guerrière**. Les premières batailles de vie m'ont valu ce surnom, auquel je réponds encore aujourd'hui.

« La pomme ne tombe jamais loin de l'arbre », dit le proverbe. Ma mère est une force de la nature. Elle est exceptionnelle, drôle, sympathique, charmeuse, intelligente et courageuse… C'est une maman extraordinaire. Aujourd'hui, à la veille de mes 30 ans, je pense à la maternité et, inévitablement, je pense à la possibilité d'avoir un enfant malade, de ne pas savoir le rassurer, de ne pas être capable de l'aider, de le soigner, de ne pas avoir la force de transformer ses peurs, ses craintes en une force. Ma maman a réussi ce tour de force : elle m'a appris à accepter le pacemaker, à l'intégrer totalement à ma vie, et, grâce à elle, je n'ai jamais pensé que j'étais malade.

Nous avons une relation très fusionnelle, elle et moi. Cette fusion peut parfois être excessive, conflictuelle aussi. Mais, plus je grandis, plus notre relation se modifie. Avant, je ne la comprenais pas. J'avais besoin d'elle et je n'acceptais pas de la voir autrement que comme ma maman. Désormais, nous sommes deux femmes qui se rencontrent, se confrontent. Nos discussions évoluent, les sujets aussi – j'adore la faire rougir en parlant de sexualité…

Ma maman a toujours voulu me protéger, mais sans que je m'en aperçoive. Elle veille sur moi, organise, pour m'épauler, beaucoup de choses dans ma vie sans rien me dire. Elle a souvent fait passer sa famille, notamment mes sœurs et moi, avant le reste ; avant sa vie de femme, avant sa vie professionnelle. Elle a aussi réussi à nous rendre très indépendantes, même si sur le moment nous nous sommes senties délaissées. Lors de son divorce d'avec notre beau-père, nous avons eu le sentiment de ne plus être sa priorité. Mes sœurs et moi ne comprenions pas : comment pouvait-elle ne plus s'occuper de nous pour vivre sa vie à elle ? Nous la jugions sur son rôle de maman sans prendre en compte le fait qu'elle était une femme avant tout. De son côté, elle ne comprenait pas que nous n'acceptions pas la vie qu'elle avait choisi de mener. Elle nous en voulait de ne pas nous révolter face aux actes de notre père qui, selon elle, étaient pires que les siens. Or, pour nous et nos regards de petites filles, elle était notre socle, et notre papa, à l'époque, avait un rôle plus « secondaire ». Puis le temps a fait son œuvre. Mes sœurs et moi sommes devenues des femmes à notre tour, maman pour l'une d'entre nous. Nous avons toutes grandi, mûri et évolué différemment, les épreuves que nous avons traversées nous ont plus que jamais soudées. Nous sommes quatre femmes, quatre magnifiques femmes. **UNE FAMILLE QUI RESPIRE LE GIRL POWER !**

Autre figure majeure dans ma vie : ma grand-mère maternelle. Chaque dimanche, elle me faisait un résumé des informations importantes de la semaine passée afin que j'aie les bases pour la semaine. Ma mère nous rejoignait souvent en fin d'après-midi pour un goûter tardif, qui se terminait avec des tartines au beurre salé. Ces moments simples me reviennent comme de doux souvenirs mais me rappellent surtout d'où je viens et qui je suis : **GOURMANDISE, GÉNÉROSITÉ, TENDRESSE. AMOUR.**

Sans oublier ma grand-mère, Mamie Bessis, une grande femme qui à tout donné pour mon grand-père, Papi Chou qui nous a quittés il y a deux ans. Une femme de pouvoir et de caractère. Ma Queen ! Et mes petits soleils, mes tantes Brigitte, Céline et Jess, aux vies différentes mais à la détermination commune de boxer leur vie. Big up à toutes les femmes de ma vie !

Kelly, le cœur de mon cœur

Difficile comme exercice de décrire son enfant en quelques lignes… Kelly, ma deuxième fille, née au Canada il y a 29 ans est un sacré numéro. Déjà, dans mon ventre, elle se permet de me faire une bonne blague et quelle blague !
À cinq mois de grossesse, le médecin canadien m'annonce un petit garçon… Trois mois plus tard, son confrère de Paris me révèle au final que ce sera une petite fille !

Le 4 octobre 1991 : cette jolie petite poupée pousse ses premiers cris ! On l'appellera Kelly, Lehora (« lumière » en hébreux). Ce second prénom lui va comme un gant. Déjà pétillante petite, elle deviendra au fil des années une jeune femme de plus en plus lumineuse.

Premier mois de naissance : difficile, angoissant, épuisant. On apprend que Kelly est malade… Très malade… Trop malade ! Tout s'enchaîne… Hôpital, opération à cœur ouvert, arrêt cardiaque, puis la pose d'un pacemaker. Elle n'a que quelques jours et déjà elle se bat pour survivre face à une situation désespérée. Un long combat qui lui donne aujourd'hui une force de vie incroyable.

Mais parlons de cette femme que tu es devenue, **Miss Kelly… qui boxe sa vie.**
Une agression un soir de novembre, un mariage annulé. Deux événements qui t'ont énormément choquée, fragilisée. Cela aura pour effet de t'enlever toute confiance en la vie.

Heureusement, seulement sur une courte période !
Car, il y a eu ce voyage en Thaïlande... Un voyage salutaire, comme une révélation...
Tu es partie pour oublier, faire le vide, pour te reconstruire et revenir encore plus forte ! Toujours ce combat et cette force que tu vas puiser en toi dans les moments les plus sombres. Tu cherches la porte de sortie et tu la trouves ! Au retour, tu te diriges vers le sport, la boxe et l'envie d'emmener le monde entier avec toi dans cette énergie positive qui te va si bien.
Chaque jour nouveau, tu m'épates un peu plus. Il émane de toi une multitude de facettes qui s'exposent tour à tour à la lumière... Tu incarnes à toi seule tout un panel de ces femmes...
Amoureuse, courageuse, sportive, gourmande, volontaire, fonceuse, vraie, généreuse, rieuse... Sans oublier de pleurer et de lâcher le trop plein d'émotions lorsque cela est nécessaire.

Je suis fière du chemin que tu as parcouru. Il est encore long et riche d'enseignements... Je crois en toi et en la vie qui t'apportera le meilleur pour toi...

Sois heureuse ma fille et continue de « boxer ta vie » !

Je t'aime
Maman

3

Girls band : mes sœurs

Mes deux sœurs, mon crew, sont aussi ma force. Nous sommes toutes les trois différentes, comme dans beaucoup de fratries, mais complémentaires.

Avec Eva, ma grande sœur, nous sommes très proches, connectées. Elle est brillante, drôle, généreuse, féminine et féministe, indépendante. Elle a une soif de liberté incroyable et se donne les moyens d'être qui elle est. J'adorerais avoir son lâcher-prise. Mais à l'observer, je comprends également que nous avons la même force de caractère et de volonté. Elle n'a peur de rien. Sauf de moi !

Eva est ma meilleure amie, celle dont j'ai toujours rêvé, ma confidente, ma seconde maman. Mais c'est aussi la personne la plus intransigeante et exigeante avec moi. Je sais ses limites, elle sait les miennes. Nous nous connaissons par cœur. Je peux deviner ce qu'elle pense à l'instant T, quand elle me ment, si ça va ou pas. Elle peut paraître égoïste de par son indépendance, cependant, à chaque coup dur elle a été là.

Elle est l'une des personnes les plus importantes pour moi, mais aussi la plus présente dans les moments difficiles, lorsque j'ai été malade, Eva a toujours été là : lors de mes retours postopératoires, de mes malaises ; pendant mes vomissements, mes pleurs, mes crises de nerfs. Les douleurs et les dialogues sans fin, alors que j'étais shootée aux analgésiques, c'était pour elle. **NOUS SOMMES INVINCIBLES**.

Avec Eva, on fonctionne au troc : je l'aide à déménager, elle m'aide pour mon site, etc. Elle travaille comme une acharnée, subit une forte pression, et assume de grandes responsabilités. La représentation parfaite de la working girl. Alors, quand elle est avec moi, elle met le boulot de côté et *let's go* pour une soirée sushi à refaire le monde (les sujets vont de la politique, l'écologie, aux mecs sur fond de *The Voice*) #soiréeoliviapope. Or, moi, j'attends qu'elle me pousse avec exigence dans mes retranchements pour faire sortir le meilleur de moi-même. Quand je lui demande de l'aide, si elle refuse cela me motive pour me dépasser et repousser mes limites. Nous n'évoluons pas dans le même monde professionnel : je suis coach de sport et me bats tous les jours avec mes idées, mes concepts ; elle est directrice générale d'un des plus gros projets de la mairie de Paris. Son objectif : changer le monde ! Elle parle écologie, investissements ; moi, c'est plutôt Instagram, leggings, discipline, nourriture…

Durant un temps, me comparer à elle était devenu mon nouveau sport favori : suis-je à la (sa) hauteur ? Suis-je assez bien pour elle ? Mais ça, c'était avant. **Avant de comprendre que ce qui nous définit, ce n'est pas ce que l'on fait ni le regard de l'autre, mais qui on est**. Je ne change pas le monde, c'est certain, mais je suis en accord avec moi-même, et j'ai toute ma place dans la vie de ma sœur. Avec du recul, je la remercie : grâce à elle, j'ai appris à ne pas douter et à ne laisser personne me faire douter. Le monde est assez grand pour que tout chacun y ait une place.

Mon autre partie de moi s'appelle Lolita. Mon bébé, ma petite sœur. Quand elle était petite, nous étions très proches. J'irais même jusqu'à dire que je la surprotégeais. Personne ne pouvait l'approcher sans avoir affaire à moi. De ses 2 ans à ses 10 ans, j'ai endossé le rôle de « seconde maman » à mon tour. J'avais le sentiment qu'elle avait besoin de moi, et je me sentais utile.

Aujourd'hui, Lolita a grandi, vite, trop vite selon moi. Nous avons évolué différemment et nous n'avons ni la même vision de la vie, ni les mêmes envies ni les mêmes objectifs. Parfois, je me sens éloignée de sa philosophie de vie. Mais ce sont ses choix, sa vie. Elle est l'exemple parfait de ce que j'exprimais quelques lignes plus haut: elle est en adéquation avec elle-même, et surtout elle est heureuse. C'est une jeune femme courageuse, une maman extraordinaire, une cuisinière hors pair ! Je suis fière d'elle. Elle est ma petite sœur et je serai toujours à ses côtés. Car, quoi qu'il arrive, nous sommes et resterons les trois sœurs Bessis, comme les trois sœurs Halliwell[1], « Le pouvoir des 3 nous libérera ». Personne ne pouvait, ni ne peut nous attaquer. **AU-DELÀ DE NOS DIFFÉRENCES, C'EST NOUS CONTRE LE RESTE DU MONDE.**

1. *Charmed*. Série américaine (1998-2006) mettant en scène trois sœurs qui, à la mort de leur grand-mère, découvrent leurs pouvoirs magiques et la lutte entre le Bien et le Mal.

J'ai toujours connu ma sœur Kelly comme une battante mais, depuis 5 ans, elle ne cesse de se surpasser. Elle n'a pas peur de tomber, elle fonce au naturel même si ça ne plaît pas à tout le monde. C'est une femme forte qui a su rebondir lorsque la vie ne lui faisait pas de cadeaux. Je l'admire pour ce qu'elle fait au quotidien et pour ce qu'elle est devenue.

Lolita

4

El padre : mon meilleur allié

Nous sommes certes un gang de filles, mais la figure masculine est tout de même présente et se prénomme « papa ». J'avais 8 ans lorsque mes parents se sont séparés, et jusqu'à mes 17 ans une petite distance s'était créée entre mon père et moi. Nous n'étions pas proches. Comme 85 % des jeunes filles avec des parents divorcés, nous ne nous entendions pas extrêmement bien avec notre belle-mère. Ça n'arrangeait pas nos relations, mais c'était mon papa quoi qu'il arrive. Parfois c'était compliqué pour lui de jongler entre son rôle de père et son rôle de mari... On le voyait un week-end sur deux, on faisait une tonne de photos. Il faut savoir qu'à l'époque je râlais à chaque clic alors qu'aujourd'hui c'est moi qui lui demande des photos toutes les semaines ! **#girouettekelly**

Durant toute mon adolescence, j'en ai beaucoup voulu à mon père, que je considérais comme responsable du divorce, alors qu'ils étaient tous les deux à l'initiative de cette décision. Je refusais de le laisser entrer dans ma vie, je le repoussais. De son côté, il n'a pas vraiment frappé à la porte ni cherché la clé pour l'ouvrir. Notre relation était donc au point mort. Mais, à force de volonté, la porte s'est entrouverte, pour ne plus jamais se refermer. Ma relation avec mon père a évolué, progressé. Quand le lien est là, tout est possible, tout peut changer. Il faut accepter de recevoir le présent comme il est et de laisser le temps faire son œuvre.

Peu à peu, mon père a pris la place qui lui revenait dans ma vie. À l'occasion d'un épisode douloureux de ma vie de femme, mon père a répondu présent, et le réconfort qu'il m'a apporté a fait de nouveau de lui mon père et moi sa fille. J'ai été demandée en mariage et mon père a accueilli cette nouvelle comme la plus heureuse qu'il pouvait recevoir. Il a pris conscience que mon bonheur était précieux à ses yeux, et que le « relais » protecteur était sur le point d'être transmis. Il s'est énormément investi dans la préparation du mariage : il s'occupait des traiteurs, de la décoration, etc. Il était fier de marier sa fille. Toute la symbolique autour de la relation père-fille prenait son sens. Lors de la rupture, à quelques mois du mariage annoncé, mon père a ressenti de la colère, de l'humiliation mais surtout beaucoup d'empathie et d'amour pour moi. Malgré le drame qui se jouait, nous nous sommes reconnectés.

Mon papa est photographe et infographiste. Il m'accompagne chaque jour dans le travail de mon image sur les réseaux sociaux. Il me donne confiance et m'accorde tout son temps. Il me booste à sa manière. Il est patient, talentueux, travailleur, et il ne me dit jamais non. C'est une épaule, un soutien, un bain d'énergie. Il m'a aidée à me lancer grâce à sa patience et à son écoute. Sans lui, je n'aurais pas fait un quart de tout ce que j'ai entrepris dans ma vie.

Je ne cache pas que travailler en famille peut être parfois difficile. Mon père et moi pouvons ne pas avoir la même vision des choses, nous sommes de deux générations différentes et son regard de père peut prendre le pas sur l'aspect professionnel de nos échanges. Mais, malgré tout, nous formons une excellente équipe. Merci beaucoup papa !

Ah ! Kelly

Ma « Kellish pitich ninich », c'est le surnom que je lui donnais quand elle était petite...
Elle nous en aura fait de bonnes, et cela dès sa naissance, à Montréal, au Canada, avec son trouble au cœur, suivi d'une opération à cœur ouvert à trois mois, mais comme tout se passait bien, son pacemaker provisoire devint obligatoire après l'arrêt cardiaque qu'elle nous fit juste après l'avoir débranché.
Sinon, elle qui était très fusionnelle avec sa mère s'est rapprochée de moi, ses cinq dernières années, avec ses débuts dans l'influence et les réseaux sociaux à travers ma passion pour la photographie, mais également grâce à la boxe, car, adepte des arts martiaux depuis de nombreuses années, j'avais toujours espéré que mes filles pratiquent le Krav Maga ou tout autre art martial afin de se défendre en cas d'agression. Et ce fut Kelly qui réalisa cette envie avec son stage de boxe thaï en Thaïlande, juste après sa déception amoureuse. Nous nous voyions très souvent pour faire du sport ensemble, footing, séance d'abdos ou petits combats entre père et fille, sans oublier les milliers de photos qu'elle me demandait toujours et toujours pour son contenu digital, et ce, jusqu'à présent.
Sinon... qu'est-ce que je pourrais vous confier que vous ne savez pas encore sur Kelly ? Ma fille est très entière, profondément gentille avec les gens qu'elle apprécie, généreuse, très gourmande, qui adore les repas entre amis ou familiaux, toujours motivée, trop complexée physiquement, qui ne se trouve que très rarement bien en photo.
Je suis très fier d'elle et de son parcours professionnel et je l'aime...

À vos yeux, ma famille n'a peut-être rien d'« extraordinaire », mais aux miens elle est exceptionnelle. C'est une famille comme il en existe tant. Si j'ai souhaité parler des miens, c'est pour témoigner du fait qu'on ne se construit pas seul. Derrière les plus belles victoires, derrière les plus réussites, il y a un staff, une équipe. La mienne, c'est ma famille. Mon sang. Ils sont mon énergie, mon air, mon plus et mon moins. Ils sont en moi, font battre mon cœur autant que ma pile. **PAS DE FAMILLE, PAS DE KELLY.**

ON NE SE CONSTRUIT PAS SEUL.

5

Premier coup : l'agression

J'ai toujours aimé ma vie, une vie simple, riche de bons moments en famille, de fous rires, de vacances et... d'innocence.

Après son divorce, ma maman a décidé de s'installer à Vanves, à quinze minutes du cœur de Paris. Le divorce était difficile, ma petite sœur avait à peine un an et Maman tenait un restaurant en plein Paris, qui lui demandait beaucoup de travail. Pour tenir le cap, elle a ressenti le besoin de se rapprocher de sa famille et de notre grand-mère maternelle. Nous avons emménagé au rez-de-chaussée d'une belle maison, dont notre grand-mère occupait le premier étage et notre tante le second.

À cette époque, j'étais une enfant simple, plutôt bien dans mes baskets. Je n'adorais pas l'école mais j'avais un niveau me permettant de passer de classe en classe. Comme beaucoup de mes camarades, ma seule préoccupation était ma bande de copines et copains, façon *Newport Beach*[2]. On habitait tous la même zone pavillonnaire et, déjà à cette époque, j'adorais recevoir, animer, danser, rigoler, et partager. J'organisais des goûters à thème – les films d'horreur étaient un de mes sujets favoris – ou des soirées déguisées. Cette passion ne m'a jamais quittée.

Cependant, cette vie idéale a cessé en une fraction de seconde. J'ignore où j'en serais aujourd'hui, ni quelle femme je serais devenue si nous n'avions pas quitté Vanves précipitamment.

2. Série américaine (2003-2007) qui raconte la vie d'un adolescent à problèmes recueilli par une famille huppée de la côte californienne.

Ma vie a basculé un soir, et j'ai compris que rien ne serait plus jamais pareil.

Ma petite sœur et moi allions danser tous les mercredis soirs. Son cours était à 18 heures et le mien à 19 h 30. La salle où nous nous entraînions se trouvait dans son école primaire. Ma grand-mère ou ma mère venait la récupérer à 19 heures et moi je rentrais après 20 h 30. Je rentrais souvent avec des copines, la rue était éclairée, et je n'ai jamais eu peur.

Un mercredi soir, je traîne un peu dans les vestiaires, la copine qui habite ma rue est partie, je m'apprête donc à rentrer seule. Je mets ma musique dans les oreilles et je continue ma danse. Sans savoir pourquoi, je sens qu'il se passe quelque chose je décide de mettre le son sur pause. J'entends et je vois une jeune fille et un jeune homme se disputer. Il est agressif, violent. Je le connais. Je ne me rappelle pas d'où mais je reconnais son visage, je l'ai déjà vu. Il doit avoir 20 ans, pas plus. Nos regards se croisent. Il me hurle dessus : « Qu'est-ce que tu regardes ? Tu as un problème ? » Je ne réponds rien et poursuis mon chemin. La jeune fille part en courant. De mon côté, j'essaie de marcher vite et d'éviter le regard du garçon mais je comprends qu'il me rejoint. Il m'attrape par l'épaule, me plaque contre une voiture. L'attaque est assez brutale. Je tremble, j'ai peur, j'espère qu'il va s'arrêter là... Malheureusement non.

Je ne me rappelle pas tout avec précision. Je me souviens de l'entendre me dire : « Je te connais, tu es la grande sœur de Lolita Bessis. » Pourquoi me disait-il ça ? Comment savait-il qui j'étais, moi qui ne le connaissais pas ? Je panique, j'essaie de lui répondre : « Comment connais-tu ma sœur ? » et, là, la fureur le prend. Il commence à me frapper, à me donner des coups de genou dans le ventre. Il a baissé mon pantalon, m'a retournée contre le capot de la voiture et m'a pénétrée avec une extrême violence. Un aller-retour, puis, comme s'il venait de se rendre compte de ce qu'il avait fait, il s'est enfui en courant, me laissant à terre.

Quinze minutes. Il lui a fallu quinze minutes pour changer le cours de ma vie. Traumatisme, déni, blocages, une vie de jeune femme abîmée.

J'avais mal au ventre, mal au front, mal partout. Je ne comprenais pas ce qui venait de se passer. La seule chose qui me préoccupait était que ce malade connaissait ma petite sœur… Je ne savais pas quoi faire. Alors j'ai pris une grande respiration, j'ai essayé de sécher mes larmes, je me suis rhabillée puis j'ai couru de toutes mes forces pour rentrer chez moi.

Je pensais avoir de quinze à vingt minutes de retard quand je suis arrivée devant la porte d'entrée. Qu'allais-je dire ? J'ai ouvert la porte. Ma mère n'avait pas l'air inquiet. Je me suis dirigée directement dans ma chambre. Ma mère m'a dit, l'air enjoué : « Bonjour ma fille ! Ouh là là, tu as l'air d'avoir passé une mauvaise journée ?! » Mais comment lui dire ?

Je me suis enfermée à clé dans ma chambre. J'ai soulevé mon t-shirt. J'ai découvert des bleus mais qui, étrangement, n'étaient pas aussi imposants que je l'imaginais. Impossible, en revanche, d'enlever mon pantalon. J'ai dit à Maman que je n'avais pas faim, que je ne me sentais pas très bien et que j'allais prendre une douche. Je me suis enfermée de nouveau, cette fois-ci dans la salle de bains. J'ai mis la musique et poussé le volume à fond, puis je me suis effondrée. Je prenais enfin conscience de ce qui venait de m'arriver et j'ai pleuré. Dès que je fermais les yeux, je voyais ce visage, cette voiture, cette rue. Et une question me torturait : quel était le lien avec ma petite sœur ?

Au bout d'une heure et demie, ma mère est venue frapper à la porte. « Kelly ? Tout va bien ? Tu avais l'air bizarre, es-tu sûre de ne pas vouloir manger ? » J'ai ouvert la porte, et l'ai rassurée : j'étais tombée à la danse, ça irait.

La fin de semaine s'est passée dans l'inquiétude et l'angoisse : je n'ai cessé de vérifier l'agenda de ma petite sœur, d'appeler ma grand-mère à chaque sortie de classe pour m'assurer que Lolita était avec elle. Durant la semaine suivante, j'ai eu l'impression de devenir folle. J'avais des flashs : dès que j'ouvrais une porte ou que je fermais les yeux, je voyais le visage de mon agresseur et je revivais l'horreur.

L'idée de me toucher ou de penser à la sexualité ne m'était encore jamais venue à l'esprit. Je ne connaissais pas cette partie de mon anatomie. Je me sentais sale mais je refusais de toucher mon intimité pour voir ce que mon agression avait changé. C'est comme si, en rejetant mon sexe, je rejetais mon mal-être.

Puis le mercredi suivant est arrivé. Je tremblais à l'idée d'aller chercher Lolita à son cours de danse mais je ne pouvais pas prendre le risque de la laisser toute seule. Je suis donc arrivée à 18 h 45 pour la voir danser. Là, une émotion m'a submergée. On dit que c'est quand tu es sur le point de perdre quelqu'un que tu mesures l'amour que tu lui portes. Eh bien, ce jour-là, j'ai compris à quel point je l'aimais. J'avais peur qu'elle soit en danger. Je m'en voulais et culpabilisais de ne pas savoir qui était ce garçon, de ne pas comprendre comment il la connaissait et pourquoi il m'avait dit cela.

C'est alors que je l'ai vu. Je l'ai reconnu. J'ai tout de suite compris qu'il travaillait dans son école, peut-être comme surveillant, je n'en étais pas sûre.

Il était 19 heures. Le cours de Lolita se terminait. Ma grand-mère est arrivée et je lui ai dit que je voulais rentrer avec elles, que je ne me sentais pas bien. J'ai passé une nouvelle nuit blanche. Impossible de me réveiller le matin pour aller à l'école ; ma mère m'a laissé dormir en comprenant que je n'étais vraiment pas bien… J'ai passé la journée toute seule à la maison. J'ai été prise de délires, j'avais l'impression de devenir folle, des idées noires me traversaient l'esprit au point de faire une énorme bêtise. Comme dans les films que je regardais, j'ai décidé de prendre une plaquette de médicaments. Non pas une, mais deux, trois...

J'ai commencé à sentir les effets. Dans un dernier instant de lucidité, je suis montée chez ma grand-mère. Elle a ouvert la porte et je lui ai raconté ce que je venais de faire. Elle a tout de suite compris que c'était grave. Ma mâchoire s'est bloquée sur le côté, mes mains tremblaient, une sensation de fourmillements a parcouru mon corps, et puis plus rien. Trou noir jusqu'à mon réveil, dans une chambre d'hôpital.

J'ai été hospitalisée durant un mois et demi à l'hôpital Necker; une semaine au service de cardiologie, car mon pacemaker a souffert à la fois du traumatisme et de mon acte, et un mois en pédopsychiatrie pour ma tentative de suicide. Chaque jour de mon hospitalisation, j'ai rencontré des psychologues pour mettre des mots sur ce que je venais de vivre. Je savais que ma vie ne serait plus jamais comme avant. Mon agression m'avait fait perdre le contrôle et l'envie de vivre.

À ma sortie de l'hôpital, presque trois mois plus tard, nous avons porté plainte. Mais surtout, je ne suis jamais retournée chez moi. Je n'ai jamais revu mes amis, ni mon collège. Ma mère a déménagé du jour au lendemain dans le XVIe arrondissement, chez l'homme qu'elle avait rencontré. Un changement radical, violent mais, je pense, rassurant...

C'est la première fois que je reviens sur cette période de ma jeune vie. L'émotion, pour ne pas utiliser le pluriel, est toujours présente quinze ans après, mais aujourd'hui je peux dire que cet événement fait partie de mon identité. Il n'est ni enterré, ni oublié. Je ne serais pas la même personne si cela n'était pas arrivé. La violence de l'acte, la peur pour moi et pour ma sœur, le silence, la paranoïa, la tentative de suicide, l'hospitalisation, l'empreinte indélébile sur ma vie de femme font partie de mon ADN désormais, toutes les émotions qui m'ont traversée m'ont construite. Il est vrai que je n'y pensais plus avant que ma mère ne le mentionne dans sa lettre (voir page 25) à l'occasion de l'écriture de ce livre. J'étais passée à autre chose, comme si je l'avais enfermé à double tour dans une boîte.

Je regrette mon geste. Même si je voulais protéger ma sœur, ce n'était pas en mettant fin à mes jours que j'aurais arrangé les choses, bien au contraire. D'autant que je pense qu'elle ne s'est aperçue de rien, ni de ce qui m'est arrivé, ni de la phrase que mon agresseur a prononcée, encore moins de la peur que j'ai ressentie pour elle. Mais la situation m'a dépassée. Je ne pouvais plus porter sur les épaules la surveillance constante de ma petite sœur et me soucier tous les jours de savoir si elle allait bien. J'ai alors décidé de mettre de la distance entre Lolita et moi à partir de ce moment-là. Comme j'avais échoué à devenir la grande sœur protectrice, j'ai préféré m'éloigner.

Cet épisode douloureux fut l'un de mes premiers coups difficiles, la première cassure vraiment ressentie comme telle. « Et le pacemaker ? », me direz-vous ? Le fait est que je n'ai pas la même conscience du combat mené à quelques jours de vie. **CE DEUXIÈME GROS COUP DUR DU DESTIN FUT UNE RAISON SUPPLÉMENTAIRE D'ENFILER LE SECOND GANT DE BOXE ET D'AIGUISER MA DÉTERMINATION, MA RAGE DE VIVRE, POUR QUE CELA NE SE REPRODUISE JAMAIS.**

**TOUT,
IL FAUDRAIT TOUT
OUBLIER**

**POUR Y CROIRE,
IL FAUDRAIT TOUT
OUBLIER**

[...]

**CE BONHEUR, SI JE LE
VEUX, JE L'AURAI[3].**

3. Angèle, « Tout oublier », *Brol*, 2018

6

Dublin « Come on »

Après ma tentative de suicide, ma vie fut très différente. D'abord, nous avons emménagé dans le magnifique appartement de mon beau-père, rue de La Pompe, dans le très chic XVIe arrondissement. Nouveau collège, nouveaux amis, nouveau style, nouvelle vie. Je ne savais plus qui j'étais. Je jouais un rôle pour être comme les autres, appartenir à leur monde, dont je savais pertinemment qu'il n'était pas le mien. Je n'avais pas la même culture, les mêmes envies, les mêmes vêtements, ni les mêmes sacs à main que mes nouveaux camarades. J'étais déjà une jeune fille réaliste, déterminée et ambitieuse.

Après mon brevet, j'ai changé d'établissement et j'ai terminé ma scolarité dans le quartier de République. Et ce fut la révélation. Je me suis redécouverte, « libérée, délivrée » ! J'y ai passé de très belles années. J'ai repris confiance en moi, en l'être humain, car j'y ai fait de magnifiques rencontres, qui sont devenues des amis et qui le sont toujours aujourd'hui : Eva, une jeune femme incroyable, drôle, brillante, tellement belle ; ma petite Marine, une jolie blonde, qui sous ses airs d'enfant sage était la première souris à danser dès que le chat avait le dos tourné.

Ce fut surtout l'année de Mr. BIG[4], mon premier amour. Ce fut court et intense. L'histoire passionnelle, impossible, où tu ne respectes aucune règle, celle qui te fait perdre toute notion de contrôle. Le doux abandon absolu.

4. Personnage masculin emblématique de la série américaine *Sex and the City* (1998-2004).

L'année du baccalauréat est arrivée, et mon beau-père m'a dit: « Kelly, si tu obtiens ton bac ES avec mention, je t'envoie un an en études où tu veux! » Je me suis dit: « Let's go! » Il me restait alors quatre semaines pour tout apprendre, tout comprendre et tout appliquer – je détestais apprendre par cœur sans comprendre. J'ai lu, travaillé. J'avais conscience que ce qu'il me proposait était une chance, un privilège. Mais derrière ce totem doré se cachaient l'effort, l'investissement, le travail, le dépassement de soi.

« SI TU VEUX QUELQUE CHOSE, DONNE-TOI LES MOYENS DE L'OBTENIR. »

Une phrase somme toute banale mais qui me convient à merveille. C'est mon mantra, mon leitmotiv. Le challenge, les deadlines me motivent; je ne suis jamais aussi efficace qu'une fois au pied du mur.

Donc oui, j'ai gagné le pari de mon beau-père. J'ai eu mon bac avec mention assez bien, à la surprise quasi générale de ma famille. Les seuls à croire en moi étaient Georges, mon beau-père, et ma grand-mère maternelle, comme toujours. Je ne le remercierais jamais assez.

C'est ainsi que j'ai décidé de partir vivre un an à Dublin. Autant vous le dire tout de suite : j'ai tout fait pendant cette année sauf apprendre l'anglais. Mais ce fut l'année de ma vie. Moi qui étais jusqu'alors une jeune fille sage, réservée, voire un peu naïve, j'ai découvert la fête, les clubs, l'alcool, les garçons. J'ai appris à boire – jusqu'à en vomir… –, à préparer des pasta courgette et des sandwichs butter-confiture, à créer des chorégraphies pour nos soirées et même à écrire une chanson. En un mot : tout ce qu'on peut imaginer quand on est une jeune adulte qui découvre l'indépendance dans une grande ville loin de chez elle.

Je n'ai donc pas appris l'anglais. En revanche, j'ai rencontré huit femmes extraordinaires. Ensemble, nous avons fait les quatre cents coups, et, dix ans après, elles font toujours partie de ma vie. Notre point commun : notre passion pour Céline Dion – nous étions les choristes numéro 1 de Céline… C'est fou comme des chansons peuvent vous unir : nous sommes toutes devenues des femmes fortes, travailleuses, maman pour certaines, et nous vivons toutes dans des lieux différents, mais même après dix ans, quand on entend Céline, on pense immédiatement les unes aux autres, à ce lien indélébile qui nous unit et qui fait que même si on ne se parle pas durant six mois, on sait qu'on sera toujours là les unes pour les autres.

Nous sommes comme connectées : quand on se retrouve toutes les huit ensemble, on rit des mêmes plaisanteries, on aime toujours autant le rose et les apéros bien garnis, Julie a toujours sa rosace au bout du troisième verre, *Deborah alias Momo* porte toujours une touche de léopard, *Aline alias Alain* sent toujours bon les vacances au soleil, Sophie a toujours son petit côté « clown antipat ? » qu'on aime tant, *Flore alias Hutchilllllng* notre chef scoot, la BG mama... Et que dire de Charlotte, la première à être devenue maman, de Margaux, froide au premier regard mais tellement chaleureuse quand tu la connais, Clem, notre reporter aux mille et une anecdotes...

Nous nous sommes éloignées car nous avons grandi, elles m'ont parfois – souvent... – reproché de ne pas être assez présente, mais elles font partie de ma vie, et je les aime profondément.

J'ai demandé à Flore d'écrire quelques lignes pour représenter notre amitié et son évolution au fil du temps. Je vous laisse les découvrir pour conclure ce chapitre.

J'ai rencontré Kelly en 2011 en Irlande, où nous faisions une année de césure dans une université de Dublin. Nous nous sommes retrouvées sur le campus dans le même appartement, le fameux 307, à partager chacune notre chambre avec une Irlandaise... J'ai alors découvert Kelly, petite parisienne du XVIe, sa collection de talons, de uggs et de petites robes noires... et Kitty, sa maman, qui avant presque de me dire son prénom m'annonçait que sa fille était porteuse d'un pacemaker et qu'il fallait que je garde un œil sur elle. Moi, mon sac à dos, mes pantalons pat d'éph' d'ado et mon angoisse de la santé on s'est dit qu'on était clairement dans la merde.

Au fil des semaines et des mois, nous avons appris à vivre ensemble et surtout à partager. Kelly m'a appris à me maquiller, à porter des vêtements plus féminins et d'une manière générale à prendre confiance en moi, pendant que je lui apprenais à cuisiner et à faire le tri dans sa garde-robe ! Elle est devenue très rapidement une amie et une confidente, ce que je n'aurais pas pu soupçonner au premier abord.

Cela fait maintenant 10 ans que nous nous connaissons avec Kelly et elle ne finit pas de me surprendre. Même si la vie, les projets et les années à l'étranger nous ont un peu éloignées, Kelly fait partie de ces amitiés fortes qui restent quoi qu'il arrive. Après son premier stage de boxe en Thaïlande, où tout a commencé, elle est venue me voir au Laos, où je travaillais à l'époque. Je me souviens encore de ses yeux *pétillants lorsqu'elle me racontait ses combats et l'effet que la boxe produisait sur son mental et sur son corps. Elle était d'autant plus fière que la boxe faisait partie de ces sports qui lui avaient été interdits toute sa vie. Et aujourd'hui elle en a fait son métier !*

Kelly doute beaucoup d'elle et ne se fait pas assez confiance alors qu'elle est dans mon entourage l'une des personnes qui m'impressionnent le plus. Il est rare de rencontrer quelqu'un d'aussi entreprenant et déterminé que Kelly. Elle engage chacun de ses projets à 100 % et n'hésite pas à tout donner pour aller jusqu'au bout de ses envies et de ses idées ; il suffit d'ailleurs de regarder son parcours sur ses cinq dernières années pour s'en rendre compte.

Flore Hutchings

7

Retour à la réalité : cœur brisé

J'ai connu une année de rêve à Dublin, sans vraiment me soucier de ce qui se passait à Paris durant mon absence. Je m'en veux encore un peu aujourd'hui ; si j'avais su ce qui se jouait, je serais peut-être rentrée plus tôt… Car, à mon retour chez moi, beaucoup de choses avaient changé, au point que ma vie a pris un nouveau tournant.

J'ai eu la chance d'avoir une enfance heureuse au sein d'une famille aimante. Mes parents étaient divorcés, mais j'avais gagné un super beau-père, que j'ai aimé comme un père. Ma maman a rencontré Georges six mois après son divorce ; c'est lui qui gérait la comptabilité de son restaurant, *Le Café de campagne*. J'avais 8 ans. On se voit peu, mais je sais – du moins je l'espère – qu'il sera toujours là pour moi. J'ai grandi avec lui, il m'a appris énormément de choses, il m'a donné le goût du travail et de la réussite. Georges était directeur des stratégies financières d'un groupe de restaurants. Il est intelligent, brillant, toujours élégant. Georges, je ne sais pas si tu liras ce livre, mais je veux te remercier pour ces merveilleuses années.

Cette année fut extraordinaire pour moi à Dublin, et elle le fut aussi pour ma grande sœur, Eva, qui, elle, passait sa cinquième année d'école de commerce entre New York et Hong Kong. Nous profitions avec insouciance de l'opportunité qui nous était offerte, pendant que Georges travaillait comme un malade pour nous payer nos deux écoles. Il y a encore une part de moi qui s'interroge : si j'étais restée, si j'avais été là tous les soirs, les choses auraient-elles été différentes ? Si nos écoles avaient été moins coûteuses, Georges aurait peut-être eu moins besoin de travailler et passé plus de temps avec ma mère ? Et elle ne ce serait pas jetée à corps perdu dans sa nouvelle passion, la danse… Avec des « si », Georges serait-il resté ? En toute franchise, je ne pense pas. J'ai compris quelques années plus tard que leur couple avait des problèmes et notre présence, à Eva et à moi, n'y aurait rien changé.

Cette année fut donc extrêmement difficile pour ma maman et Georges : ils se disputaient tout le temps, se voyaient peu. Alors leurs chemins se sont éloignés. Je lui en ai énormément voulu de ne pas se battre pour son couple et sa famille, et de vouloir vivre une autre vie, sa vie de femme.

Le résultat ne s'est pas fait attendre : ils ont divorcé. Dès lors, nous qui vivions dans un havre de paix luxueux de 300 m^2, sans aucun problème d'argent, avons dû encore changer de vie. J'en ai beaucoup voulu à ma mère de nous faire revivre cette épreuve : encore un divorce, encore un changement d'école, de nouveaux des problèmes d'argent. Il m'a fallu du temps, cette fois encore, pour accepter.

Tandis que j'écris ces lignes, j'ai l'impression que ma vie se répète : une rupture et une longue réflexion avant d'accepter.

SAVOIR ACCEPTER, COMPRENDRE ET PARDONNER, C'EST LA CLÉ.

J'ai toujours été très « famille », eu besoin d'être proche des miens. Je me suis longtemps coupée en quatre car j'avais la conviction que je devais être présente pour eux, montrer l'exemple. Des trois filles, j'étais celle qui fédérait, en tout cas je faisais de mon mieux pour nous rassembler.

J'avais développé une passion pour Noël, les anniversaires, les fêtes commerciales en tout genre – mère, père, grand-mère… –, car c'était pour moi le moment des retrouvailles, mon moment à moi, le moment où j'étais moi. Je me suis sentie trahie par ce deuxième divorce, ce nouveau déchirement. Mais j'ignorais que j'étais à l'aube des cinq années qui allaient révolutionner ma vie.

Les bébés cœurs : Ben

À mon retour de Dublin donc, Maman a pris la décision de quitter Georges et nos vies ont littéralement changé, surtout du point de vue financier. Il n'était plus question d'une école de commerce ou de journalisme, mais de trouver un cursus universitaire, moins coûteux, ou une formation en alternance.

Après avoir essuyé plusieurs refus, j'ai trouvé une école qui formait à des BTS dans le VIIIe arrondissement de Paris. J'appelais cet établissement : la Plus-Value School. J'avais même imaginé un slogan, qui résume bien ce que je pensais à l'époque : « La Plus-Value School : l'école supérieure qui transforme les élèves en plus-value ».

J'avais une école ; il me restait deux semaines pour dénicher une alternance. Mission impossible sur le papier, mais qui s'est révélée réalisable avec de la niaque. J'ai frappé à toutes les portes, à tous les postes possibles et imaginables dans tous les domaines. Et le hasard – ou est-ce le destin ? – a voulu que je trouve une formation en marketing culinaire en alternance auprès des boulangeries Cyril Lignac… en sortant d'un restaurant avec mon beau-père.

Le talentueux et incroyable Cyril Lignac se lançait dans la boulangerie-pâtisserie et avait besoin de travailler au repositionnement de son image. J'ai passé deux ans de folie au sein de cette entreprise, où j'ai pu m'initier au marketing, à la communication, à la vente, à l'administratif et à la gestion d'équipes ; en parallèle, une semaine sur deux, je suivais les cours de l'école.

À cette époque, je n'étais pas très sociable. Je m'étais enfermée dans une bulle où le travail prenait toute la place. « Travailler plus pour gagner plus » était mon credo, le moyen que j'avais trouvé pour ne jamais reproduire ce qui venait de se passer avec ma maman : tout perdre du jour au lendemain à cause d'une rupture. Les garçons n'étaient donc pas, et de loin, ma priorité. Jusqu'au jour où il est arrivé.

Flash-back. Il était une fois... Il était une fois une jeune femme de 18 ans, blonde, souriante, amoureuse d'un prince presque charmant, qui vivait une vie complètement normale.

« Une vie normale », qu'est-ce que ça veut dire ? Sur quelles bases définit-on une situation normale ? Pour moi, il n'y a rien de normal ou d'anormal. Chaque relation a son histoire et ses règles propres. Pour moi, un couple, ce sont deux personnes qui s'aiment, qui ont décidé d'être ensemble et de faire équipe, quels que soient leurs sexes. Sortons des clichés qui nous paralysent, de cette insupportable pression sociale qui voudrait qu'un couple normal doit vivre ensemble au bout d'un an de relation, avoir des objectifs de vie comme se marier, posséder une jolie maison et pourquoi pas avoir deux enfants et un labrador. Qui a décidé qu'une femme « normale » devait vouloir se marier, avoir des enfants, s'occuper de sa maison ? Mesdames, n'oubliez pas que nous avons toutes une passion démesurée pour notre maison, pour le ménage, pour la cuisine, pour le rangement... Stop ! Nous sommes en 2021 ! Réveillons-nous, assumons nos envies.

OFFRONS-NOUS LE LUXE DE CRÉER NOTRE PROPRE NORMALITÉ.

J'ai moi-même ressenti cette pression sociale, ce jugement permanent sur mes choix de vie en tant que femme et qui ne suivent pas forcément les codes établis.

Mais reprenons. Ben a intégré la même formation que moi avec deux mois de retard, en plein mois de novembre. Au début, nous n'avions rien en commun. Il était arrogant, drôle, insolent et extrêmement intelligent. Quant à moi, j'étais plutôt introvertie, totalement concentrée sur le travail. Il était un homme de la nuit, et j'étais bien trop sage…

Mais notre professeur d'anglais a tout de suite senti l'alchimie entre nous et nous a mis au défi de travailler ensemble sur un travail dirigé (TD) comptant pour la notation finale. Nous n'avons donc pas eu d'autre choix que de nous entendre afin d'obtenir la meilleure note possible.

À mesure que nous passions des heures ensemble, puis des soirées entières à travailler, nous avons appris à nous connaître, et très vite compris qu'il était en train de se créer tout autre chose entre nous qu'une collaboration intellectuelle fructueuse... La princesse et le bad boy. Sans le vouloir l'un et l'autre, nous étions en train de tomber amoureux.

Benjamin fut ma première histoire d'amour. Peut-être la plus belle. Le grand, le vrai amour. Quatre ans de relation profonde et sincère, avec ses hauts – les week-ends en amoureux, les Noël en famille – et ses bas – dix kilos en plus en quatre ans et... zéro orgasme. Quand j'y pense, nous étions des « bébés cœurs », des couples apparemment solides mais si jeunes... Impossible pour moi d'avoir un orgasme avec un homme qui me fait l'amour en m'appelant « bébé cœur ». Attention : l'absence d'orgasme n'enlève rien à la puissance de notre histoire, à l'amour que j'ai eu pour lui. Mais je sais aujourd'hui qu'il est beaucoup plus épanouissant d'être en osmose sexuellement.

Malgré l'amour que nous ressentions, après quatre ans de relation, j'ai décidé de quitter Ben. J'avais le sentiment de stagner dans notre couple alors que nous avancions professionnellement. Et puis Ben n'était jamais satisfait, ni de lui ni de notre couple. Il cherchait toujours plus d'argent, plus de folie... et je n'arrivais plus à être heureuse avec lui. Moi, je voulais qu'il me retienne, qu'il m'épouse. Avec le recul, je me rends compte que je subissais la pression de notre entourage, de cette fameuse normalité, et je lui mettais la pression à mon tour. Je voulais être sa femme, mais je voulais surtout qu'il me demande de le devenir, de ne pas être obligée de le faire moi. Mais comme il n'a jamais esquissé la moindre demande, je lui ai annoncé que je souhaitais prendre un peu de temps pour réfléchir. Au fond de moi, je le mettais à l'épreuve : allait-il se battre pour me récupérer et rallumer la flamme ?

Notre break dura trois mois – le fameux « On ne se quitte pas, non, non, on fait juste un break » bien connu des couples... –, au terme desquels nous nous sommes... remis ensemble. Avec le recul, j'aurais dû être forte et le quitter vraiment. Dans toute mon histoire, c'est peut-être la seule chose que je regrette.

Nous décidons donc de poursuivre notre relation, et un soir de dispute, ce que j'attendais depuis si longtemps arrive enfin : « Veux-tu m'épouser ? », me demande Ben. À ce moment-là, j'aurais dû comprendre que ce n'était pas une bonne idée. Que je méritais un homme qui veuille réellement se marier avec moi, qui réfléchit des heures avant de faire sa demande, qui n'a, à cet instant, qu'une seule peur : que je refuse. Un homme qui n'a qu'une envie : mettre des paillettes dans ma vie.

Nous méritons toutes de vivre l'Amour avec un grand A. Il existe, je vous le promets. Même si le chemin pour y parvenir est long et douloureux, ne perdez jamais confiance en vous, en l'amour vrai. Et ne vous contentez jamais du minimum.

VISER LA LUNE, QUOI QU'IL ARRIVE.

J'aurais dû être plus mature, moins obsédée par les qu'en-dira-t-on. Mais quand le garçon avec qui tu es depuis presque cinq ans te demande en mariage, comme toute femme « normale », j'ai répondu : « Oui ! Oui, bien sûr que oui, je veux t'épouser. »

Et c'est là que tout a commencé.

SAVE THE DATE
KELLY & NATHANAEL
LE 11 SEPT 2016

9

Le mariage ou le début de la fin

Nous avons donc décidé de nous marier, Ben et moi. Et rapidement, je me suis lancée dans les préparatifs. Je n'avais pas idée, à l'époque, de combien le mariage est une industrie, un business. Mais j'ai tout de suite plongé : j'ai même fait un PowerPoint… Eh oui, Mesdames, un PowerPoint de trente pages, accompagné d'un business model. Est-ce que j'avais basculé dans la folie ? Sûrement un peu, mais je vous garantis que les préparatifs du mariage peuvent rendre folle la plus sensée d'entre nous.

Nous pouvons nous infliger une pression incontrôlable pour être la plus belle, la plus mince, la plus stylée, pour être la plus incroyable des mariées et avoir le meilleur, le plus beau, le plus sympa, le plus chaleureux, le plus romantique des mariages. **ET JE SUIS TOMBÉE DANS LE PANNEAU : JE ME SUIS CONDITIONNÉE POUR DEVENIR LA PLUS DE TOUTES LES PLUS.**

Première étape : la robe. Je n'avais pas d'idée précise de la robe que je voulais porter, mais je savais que je cherchais quelque chose de simple. Je me suis rendue dans une boutique spécialisée en tenues de mariage, et là, j'ai eu un choc devant le nombre possible et inimaginable de robes qui existent.

J'ai eu la chance d'obtenir un rendez-vous pour des essayages en à peine une semaine. Une future mariée avait annulé son dernier essayage car son mariage avait été annulé… Un comble, quand on connaît mon histoire ! Il y a des signes dans la vie, qui me poussent à penser que rien n'est jamais dû au hasard. Je me rappelle comme si c'était hier de ce premier – et dernier... – rendez-vous. Je m'y étais rendue seule entre deux réunions de travail. La vendeuse m'a fait attendre vingt minutes. Quand je lui ai demandé si elle était bientôt libre car une grosse journée m'attendait ensuite, elle m'a prise de haut et m'a dit : « Mademoiselle, on ne se marie pas tous les jours, la robe, c'est très important, vous devez prendre le temps nécessaire. » Ambiance... Enfin, après vingt-cinq minutes, elle m'a reçue. Elle m'a regardée de bas en haut ne m'a posé qu'une seule question : « Avez-vous un style ou une envie ? » Je lui ai répondu que je n'avais pas d'envie particulière, si ce n'était quelque chose de simple, de sobre, sans volume ni fioritures, mais avec de belles matières.

La sentence ne s'est pas fait attendre : « Avec le corps que vous avez, c'est impossible. Vous avez une grosse poitrine et un postérieur, donc ce qui conviendrait le mieux à votre courbe est une robe bustier avec un tutu. » En résumé : la version princesse énorme.

Trop gentille et trop polie, j'ai laissé la vendeuse m'envoyer ses piques et ses réflexions sans rien dire. Aujourd'hui, les choses seraient différentes : je ne laisse plus personne me blesser. Cette femme n'était peut-être pas méchante, sûrement très seule et mal dans sa peau, ou encore peut-être n'aimait-elle pas son métier. Cependant, non seulement je n'y étais pour rien, mais surtout rien ne nous autorise à faire payer nos choix à qui que ce soit.

Donc j'ai continué à lui sourire tout en lui expliquant poliment que je n'aimais pas ce modèle, qu'il ne me ressemblait pas, et que s'il fallait que je perde du poids pour pouvoir mettre la robe que je souhaitais, je le ferais… Ce à quoi elle m'a répondu, un sourire narquois aux lèvres : « Elles disent tout ça au début ! » Je ne m'attarderai pas sur ce que je pense de cette charmante vendeuse, mais elle a au moins eu le mérite d'être à l'origine de ma première motivation sportive.

En rentrant à la maison le soir, j'ai raconté ma déconvenue à Ben, qui m'a répondu : « OK, on se met au sport. » Il y a cinq ans, Instagram était l'application tendance pour se motiver à faire du sport – ça n'a toujours pas changé d'ailleurs. Je me suis donc inscrite et j'ai tapé « fitness » dans la barre de recherche. Je suis très vite tombée sur une coach influenceuse.

Stéphanie était la coach « des gens dans la vraie vie » et elle avait décidé de lancer une webserie. Elle recherchait cinq candidats : une working girl, une maman, un homme, une femme de 45 ans et plus et une femme en surpoids. Le casting venait de commencer. J'ai aussitôt été intéressée par le challenge. Surexcitée, j'ai filé voir Ben et lui ai fait part de mon envie de participer au casting.

« Mais BBK, c'est un casting dans tout l'Île-de-France, tu n'as jamais fait de sport de ta vie, pourquoi elle te choisirait, toi ? » J'aurais dû être plus lucide dès ce moment-là et lire entre les lignes… Mais à cet instant, c'est exactement ce qu'il fallait me dire pour être sûr que j'allais tout faire pour gagner ce casting.

J'ai donc pris la décision de me présenter. J'ai postulé aux sélections et j'ai tout fait pour convaincre la coach de me prendre. Je lui ai prouvé par A + B que j'étais la meilleure candidate : j'avais 10 kilos à perdre avant mon mariage, je n'avais jamais fait de sport de ma vie, je suis porteuse d'un pacemaker, je travaillais en boulangerie et dans la restauration, donc je n'avais pas une minute à moi ni pour manger sainement ni pour faire du sport, et pour finir j'avalais du sucre du matin au soir. Donc si elle parvenait à relever le défi avec moi, elle pourrait être sûre qu'elle arriverait à convertir beaucoup de femmes. Et j'ai gagné mon pari : j'ai été choisie pour être la working girl. Je ne la remercierai jamais assez de m'avoir lancée officiellement dans le sport. Sans elle, je n'aurais jamais commencé ni Instagram ni le fitness.

En toute franchise, j'ai très vite compris que le fitness et l'image que renvoyaient les filles de la discipline n'étaient pas ma came. En revanche, j'ai immédiatement adoré la sensation que me procurait la pratique du sport, la sécrétion des endorphines et la fierté de se dépasser. J'ai donc tout tenté pour éviter le fitness, la musculation et les cours collectifs : je n'étais pas assez bien dans ma peau pour m'y sentir à l'aise. J'ai préféré me mettre dans ma bulle et commencer la course à pied en salle sur un tapis. Mon emploi du temps me permettait de me rendre dans la salle de sport dans laquelle je m'étais inscrite les mardis et jeudis. Les deux seuls jours de la semaine où avaient lieu les cours de Mixed martial arts (MMA) avec le grand et l'unique Bertrand Amoussou... Mais n'allons pas trop vite, et revenons à l'organisation de mon mariage.

10

Retour à la case départ : l'annulation

En tout, j'ai passé huit mois à préparer dans le moindre détail ce qui devait être le plus beau jour de ma vie. Huit mois de folie, d'excitation, d'épanouissement, de cris, de larmes, de travail, de sport, de concessions, de remise en question, de déception, d'amour, de désir, de désillusion et d'épuisement. Huit mois très difficiles durant lesquels j'ai eu le sentiment de devoir convaincre l'homme que j'aimais de m'épouser, et ma famille et ma belle-famille car rien ne leur convenait jamais : trop simple ou pas assez, trop grand ou trop petit, trop beau, trop cher, bref, je ne tombais jamais juste.

Les premiers mois, Ben et moi voulions un mariage qui nous ressemble, comme un pique-nique dans une chambre d'hôtel, un repas à la bonne franquette tendance bohème chic. Mais au fil des semaines, de cinquante invités, nous sommes passés à cent, puis à deux cent cinquante. Étant donné l'ampleur que prenaient les choses, nous avons accepté l'aide financière de nos familles alors que nous souhaitions assumer toutes les dépenses. D'une histoire d'amour, notre mariage est devenu un budget prévisionnel et un business plan.

J'ai vraiment essayé de me battre et de ne pas lâcher. À chaque problème, j'apportais une solution, même si je devais me mettre en danger, même si je devais oublier que c'était mon mariage et que j'étais la mariée. Mais, après sept mois de combat acharné, j'étais à bout ; j'avais besoin d'être seule, pour me retrouver, pour faire le point sur mes choix. J'ai donc offert une semaine de vacances à Ben. J'étais tellement déçue par son comportement que je n'arrivais même plus à le regarder.

On ne se touchait même plus. Je n'avais plus envie de rentrer chez nous le soir après le travail et j'ai même accepté certaines invitations… Mais j'avais surtout envie qu'il me serre fort dans ses bras, qu'il me retienne et qu'il se batte pour nous.

**SERRE-MOI
SI AIMER C'EST AUSSI
SE RETENIR**

[…]

**SERRE-MOI
ÉTOUFFE-MOI D'AMOUR
AVANT LE PIRE[5].**

Ben n'a pas tout de suite compris ma proposition mais a accepté volontiers et est parti dix jours à Malaga, *off course* ! Laisser partir Ben seul plus d'une semaine à deux mois de notre mariage alors qu'on ne se supportait plus ne me faisait absolument pas peur: nous étions souvent en conflit, mais

5. Jenifer, « Serre-moi », *Le Passage*, 2004

depuis cinq ans, notre histoire était fondée sur le respect, la confiance réciproque. On formait une équipe – du moins, je le pensais. J'avais confiance et surtout nous allions nous marier. Il ne pouvait pas faire de bêtises à deux mois du mariage, alors que tout était enfin prêt, que nos familles s'étaient à peu près calmées, que nous avions enfin réussi à payer notre mariage, que nous ne faisions plus l'amour depuis six mois… Il était pour moi impossible qu'il me fasse quoi que ce soit. Pas à moi.

J'ai malheureusement appris à mes dépens que tout est possible, que **RIEN N'EST JAMAIS ACQUIS ET QUE L'ON PEUT TOUT PERDRE OU TOUT GAGNER D'UN COUP** – vous comprendrez à la fin du livre… Vous n'avez donc plus d'autre choix que de continuer à le lire !

Quand Ben est rentré de Malaga, j'ai posé ma journée pour qu'on la passe ensemble. On avait beaucoup échangé par texto, par sexto, durant son absence et on avait enfin réussi à communiquer, à accepter que la préparation du mariage avait tué notre couple et que nous étions passés de l'amour à la haine.

J'étais prête à tout pour rallumer la flamme: la maison était propre et rangée, les draps changés; je m'étais affamée une semaine pour perdre trois kilos pour lui plaire et fait épiler de partout – j'avais même fait une séance d'UV en cabine pour avoir meilleure mine, j'avais investi près de 140 euros dans une tenue complète body + porte-jarretelles + kimono, et je venais de passer deux heures dans la salle de bains à suivre un tuto make up, vous savez celui qui paraît *easy* mais qu'on n'arrive jamais à refaire.

Lorsqu'il a passé le seuil de la porte, j'ai tout de suite compris que quelque chose clochait : il était sur les nerfs, encore plus pâle qu'en partant. Il m'a regardé d'un regard long et profond qui voulait en dire long et m'a dit : « Je ne veux pas me marier. » J'enrageais. La colère montait en moi. Je pensais entre autres à mon épilation intégrale ; plus jamais ça (« I am your venus, I'm your fire and your desire » comme ils disaient) ! Il ne voyait strictement rien. Ce jour-là, je me suis promis que c'était la dernière fois que je souffrais (sujet épilation compris) pour un mec. Comptez sur moi, je tiens mes promesses !

Au bout de deux heures de dispute, épuisée et au bout du rouleau, je lui ai posé l'ultime question : « Ben, est-ce que tu m'aimes ? Est-ce que tu veux te marier avec moi ? » Il m'a répondu : « Non, je ne veux pas de ce mariage, je ne veux pas me marier. Viens, on quitte tout et on s'en va ! »

Après six mois d'enfer durant lesquels j'avais tenu bon, pensait-il sincèrement que j'avais envie de tout lâcher, de tout planter pour partir avec lui ? Avait-il conscience de ce qu'il m'avait fait subir ? De ce qu'il venait de faire vivre à notre couple ?

C'est la goutte d'eau qui a fait déborder le vase. En une phrase, il avait tout détruit. J'ai alors compris que c'était fini et que je n'encaisserais plus. Je savais que ce n'était pas moi qu'il quittait, mais notre mariage. Pourtant, je ne pouvais me résigner à accepter ce qu'il venait de me faire subir pendant des mois.

Alors j'ai pris une grande inspiration et je lui ai dit : « Tu as 30 minutes pour prendre tes affaires et quitter mon appartement. Je ne veux plus jamais entendre parler de toi, je veux que tu sortes de ma vie… » Il a pris ses affaires et il est parti.

Après le départ de Ben, j'ai hurlé et pleuré des heures. J'avais tellement mal, j'avais l'impression qu'il m'avait tuée de l'intérieur. Je n'arrivais plus à respirer, à me calmer, je n'avais qu'une envie : m'enfuir. J'ai même eu des pensées suicidaires.

J'ai passé la nuit suivante à me torturer, à me demander pourquoi il avait pu me faire ça à moi après tout ce que j'avais fait pour lui. Je lui avais tout donné : mon amour, ma force, ma famille, mon business. Il était mon partenaire, en amour comme dans la vie que je voulais construire avec lui. Ce n'était pas, comme il a osé me le dire, « juste une fête annulée ». Il m'abandonnait, il me lâchait et il me trahissait.

Après une nuit blanche, je suis allée travailler le lendemain matin. Mon job, c'était ma seconde maison, ma seconde famille. Je pensais ainsi pouvoir éviter de répondre aux questions, de gérer cette annulation que je n'assumais pas, que je n'acceptais pas, que je ne voulais pas.

Après quatre jours en mode zombie, mon patron m'a demandé de rentrer chez moi, car je n'étais pas au niveau de mon poste, « responsable réseau ». Je ne renvoyais plus l'image de « Kelly sourire », « Kelly responsable réseau », « Kelly trouve des solutions à tout », « Kelly remplace tout le monde ». J'étais « Kelly brisée de l'intérieur », mais je refusais de voir la réalité en face. Je me suis donc retrouvée chez moi vingt-quatre heures sur vingt-quatre. Durant trois semaines, j'ai passé mes nuits à manger, à pleurer et à vomir. J'ai enchaîné crises de nerfs, crises de boulimie, crises de larmes. Je ne sortais plus de chez moi, à regarder en boucle des comédies romantiques qui n'arrangeaient rien à ma détresse – les *Bridget Jones*, *N'oublie jamais*, *P.S. I love you*, *Jeux d'enfants*, plusieurs fois dans toutes les langues… et à écouter en boucle toutes les chansons de rupture, ultra-déprimantes mais qu'on adore, et que je connaissais désormais par cœur, à les chanter en hurlant et en pleurant. Big up à toutes ces chanteuses incroyables, Vitaa, Jenifer, Louane, Queen B, etc.

Au bout d'un mois, j'ai compris que j'étais tombée trop bas pour m'en sortir seule. J'ai demandé de l'aide à ma mère, pour qu'elle gère la totalité de l'annulation du mariage. Je n'avais pas la force physique de m'en occuper.

L'écrire, même cinq ans après, me fait encore monter les larmes aux yeux. Ce que je dois retenir de cette période, de notre histoire, de ce mariage, c'est l'importance de savoir pardonner – à lui, à moi – pour avancer.

Si vous saviez comme je m'en suis voulu de m'être trompée, comme je me suis rendue responsable de notre échec… Aujourd'hui, je remercie tellement Ben d'avoir su dire non ! Je l'aime toujours et je serai toujours là pour lui. Il fait désormais partie de moi, de ma vie, mais différemment. Avec le recul, je sais aujourd'hui qu'**IL NE FAUT JAMAIS FORCER LES CHOSES** ; que si ce mariage n'a pas eu lieu, c'est qu'il ne le devait pas. C'est la vie.

Ses yeux m'ont attrapé un matin sur un banc de fac, sa petite tête de ratigane, de poupée.
Je les ai suivis avec bonheur puis nos regards ont divergé…

Fusée propulsée par l'ambition, le courage et le challenge, une pile avec une pile, optimiste acharnée, on voit dans le pétillant de ses yeux une confiance en la réussite, qui se précise avec le temps.
Ses yeux bleus vous préviennent d'emblée : elle est prête à tout affronter pour réaliser ses rêves!
Elle fonce fonce fonce et ne lâche rien. #oliviapop
Une course effrénée depuis un lit d'hôpital vers la plus haute étoile en passant par le ring et traversant la toile ! **Rien ne l'arrêtera jamais !**

On est parti du BTS, c'était la meuf du mardi, puis petit à petit, la femme de ma vie, puis nous en sommes arrivés ici. Vous connaissez la suite. Aujourd'hui, cinq ans après, elle me demande de lui écrire cinq lignes pour son plus beau projet. Le livre de sa vie.

Team BBK.

11

Coup de tête et coup de cœur : la Thaïlande

Préparer mon mariage m'a fait prendre conscience de mon corps, mais surtout de la femme qui se cachait au fond de moi. Je ne remercierai jamais assez Stéphanie de m'avoir ouvert les yeux. En cinq ans, j'ai pris 10 kilos. Comme je ne me regardais pas et que Ben aimait mes formes, cela ne m'a pas gênée.

Grâce à la coach, **J'AI APPRIS À ME REGARDER** ; j'ai pris conscience de mon poids, de ma mauvaise alimentation, de mon manque de sommeil. Elle m'a fait comprendre qu'en prenant le temps, avec une bonne alimentation et du sport, je pourrais perdre du poids et me sentir de nouveau bien dans mon corps.

Grâce à elle, j'ai surtout découvert le sport: la salle, la transpiration, les coachs, l'ambiance des vestiaires, la passion des tenues, le bonheur de la douche d'après séance...

Il y a une autre personne à qui je dois beaucoup: Bertrand Amoussou. Ancien champion de judo, mais aussi de ju-jitsu, de karaté et de kick-boxing, il est le grand défenseur de la MMA en France. Une des personnalités les plus douces que j'ai rencontrées dans ce milieu. Une sagesse, une patience et une force de persuasion incroyables. Sans lui, je n'aurais jamais eu le courage de partir pour la Thaïlande. Je serais peut-être devenue une prof de yoga, qui sait!

J'ai croisé la route de Bertrand lorsque j'étais au plus mal. Le mariage était officiellement annulé. J'étais dans le flou le plus total, je ne dormais pas, je réfléchissais tout le temps, je cherchais encore des réponses. Lors de mon troisième cours, Bertrand m'a dit: « Tu as une sale gueule, tout va bien? » Deux options: soit je fondais en larmes, je lui disais que je venais de me faire quitter à deux mois du mariage par le seul garçon que j'avais jamais aimé et que j'avais envie de mourir; soit je lui mentais, lui disais que tout allait bien, que j'avais juste besoin de taper.

J'ai choisi la seconde option. Et ce fut la plus belle séance de ma vie avec Bertrand… Je n'ai jamais été si connectée et concentrée. À la fin de nos trois heures de boxe, j'ai craqué et fondu en larmes. Trop d'endorphines, trop peu de sommeil et surtout mal de partout physiquement et psychologiquement. Bertrand m'a dit: « Kelly, raconte-moi, parle-moi. » Je lui ai tout raconté: que le mariage était annulé, que je ne comprenais pas, que je ne savais pas comment c'était possible, que j'arrivais plus ni à dormir ni à manger, que je buvais toute seule chez moi, que je faisais des crises de boulimie, que j'avais des envies de suicide. Et que, dans mes rares moments de lucidité, la seule chose qui m'apaisait était de m'imaginer sur une plage…

Bertrand m'a regardée et m'a lancé: « Fonce sur ta plage. Tu as besoin de changement, besoin de respirer loin de tout ça. Pars. »

Le soir, une fois rentrée, j'ai commencé mes recherches. C'était décidé : j'allais partir. Je suis vite tombée sur des retraites de yoga. Je n'en avais jamais fait mais je me suis dit que ça pourrait me calmer, me rassurer, m'aider à comprendre ce qui m'était arrivé. J'ai demandé des devis, programmé des rendez-vous téléphoniques, et j'ai fini par tomber sur une femme adorable, Julie, commerciale passionnée, qui m'a proposé une retraite de yoga fitness de trois semaines à Bali qui entrait dans mon budget.

Après 24 heures de scroll sur Instagram de toutes les profs de yoga, je me suis dit que ce n'était pas moi, en tout cas pas à ce moment-là. Je voulais bouger, voyager, respirer, crier, et le yoga et la zen attitude de Bali me stressaient déjà… Je me suis donc permis d'envoyer un message à Julie en lui expliquant la situation – « je me suis fait larguer à deux mois du mariage par mon premier amour » – et que je recherchais quelque chose de plus dynamique, de plus intense, de plus violent même. Elle m'a répondu : « Laissez-moi 24 heures, je vous fais une autre proposition. »

J'étais tellement impatiente que j'ai actualisé ma boîte mail toutes les heures, jusqu'à ce que sa proposition tombe, un lundi soir, à 19 heures. Elle me proposait un camp de « fitness et boxe » spécialisé dans la perte de poids à Phuket. J'ai décortiqué l'offre et l'ai rapidement refusée : d'abord parce que le camp était tenu par des Français – je ne voulais pas parler français, je recherchais le dépaysement total –, et l'offre commerciale m'a tout de suite fait penser à la vendeuse de robes de mariée obsédée par le poids...

J'ai remercié Julie, tout en lui expliquant que je souhaitais un endroit plus proche de la nature, plus éloignée de mon quotidien, même si la boxe me branchait bien. Elle m'a alors dit : « J'ai ce qu'il vous faut. C'est sur une petite île appelée Khao Lak, à 1h30 de bateau de Phuket. Le camp s'appelle Rawai Muay Thai, tenu par des Thaïlandais... » Tandis qu'elle me parlait, j'ai consulté le site internet du camp ; c'était exactement ce que j'avais imaginé : beau, simple. J'avais trouvé. Merci Julie.

12

Le cœur du problème : convaincre mes parents et l'hôpital

Je savais où et quand partir, mais il me restait une énorme étape à franchir avant d'envisager le grand départ : convaincre mes parents et l'hôpital. Avant le départ, le camp que j'avais choisi demandait à tous les participants au stage de boxe un certificat d'aptitude. Autant vous dire, dans mon cas : mission impossible ! Dès le collège, j'avais été dispensée de cours d'éducation physique et sportive (EPS) – j'avais des malaises « vanille-fraise » : je devenais blanche d'un côté, rouge de l'autre… –, et même si j'avais commencé le sport depuis, je n'avais jamais demandé d'autorisation à personne. Je ne vous ai pas raconté en détail toutes les galères liées au port d'un pacemaker mais sachez qu'elles sont nombreuses : à Dublin, par exemple, j'ai participé à une soirée électro et les basses ont déréglé la machine. Mon amie Flore a dû me sortir de la boîte avant que je n'aie un malaise. On m'interdit même l'épilation définitive pour ne prendre aucun risque !

Alors comment convaincre mon entourage de l'importance de ce voyage ? Ma seule solution : jouer la carte dépression. En résumé : si on ne me laissait pas partir, je n'étais pas sûre de réussir à m'en remettre. Il fallait que j'arrive à convaincre ma mère de m'accompagner à l'hôpital afin de m'aider ensuite à convaincre les médecins. Je devais l'amener à me faire confiance, à comprendre que je prenais certes un risque mais que je n'étais pas suicidaire, que j'avais juste besoin de respirer et de me sentir vivante. Que j'avais besoin de ce voyage et que je le sentais au plus profond de moi.

J'ai alors eu, je l'avoue, une idée de génie : pour amadouer ma mère, il fallait que je passe par ma grand-mère. J'ai donc débarqué chez elle un mardi soir pour lui expliquer de vive voix que ce voyage n'était pas un caprice mais un besoin vital. Elle a tout de suite compris l'état dans lequel je me trouvais et la nécessité pour moi de m'évader, mais a beaucoup insisté sur le fait que c'était tout de même très dangereux pour moi, que je ne pouvais pas jouer avec ma santé. C'est là que j'ai sorti ma tirade magique que tout le monde déteste : « Mais Mamie, je peux mourir demain en faisant une mauvaise chute, après-demain en me faisant écraser ou n'importe où en étant au mauvais endroit au mauvais moment. »

Après une soirée de négociations à refaire le monde, j'ai fini par convaincre ma grand-mère de me faire confiance. Je savais que j'avais besoin de ce voyage, besoin de me tourner vers moi-même, besoin d'oublier et surtout de respirer pour évacuer et me libérer. Et ma grand-mère, comme je l'avais imaginé, a réussi à expliquer à ma maman à quel point ce camp était vital, et elle et moi avons ainsi pu convaincre l'équipe médicale que je devais faire ce voyage.

13

Haut les cœurs ! La parenthèse Kemer

Juste avant le grand départ pour la Thaïlande, ma grande sœur m'a offert, pour me changer les idées, une semaine à Kemer, un Club Med réservé aux adultes. Ce qui signifie: un club où tout est permis, où tout est fait pour que tu t'amuses: soleil, fiestassss, spectacles, excursions (mince, lesquelles ?), alcool (une bonne hydratation bien sûr, « attention l'abus d'alcool est dangereux pour la santé »)... Un environnement propice à la détente et aux rencontres. **#cestpartionsigneoù?**

Je n'en avais pas spécialement envie, mais j'ai compris que j'en avais surtout besoin : extérioriser, revivre, sourire de nouveau, arrêter les mauvaises pensées, oublier.

C'est durant cette semaine que j'ai rencontré Klem. Ma Klem. Un petit bout de femme incroyable, sûre d'elle, belle, féminine et féministe. Elle m'a ouvert les yeux sur le couple, la sexualité, la vie... Dix jours nous ont suffi pour nous trouver et ne plus nous lâcher !

C'est aussi pendant ce séjour, lors de la première soirée, que j'ai eu mon tout premier *crush* post-Ben : le beau, le grand Arnaud. Il a su être là et juste me faire kiffer, il a pris soin de moi sans rien n'attendre en retour et ça m'a fait du bien ! Physiquement, c'était l'opposé de Ben. Mentalement, le sosie de mon copain actuel, un comble non ? Avec Arnaud, nous n'avons jamais vécu de vraie histoire, mais ça a été le plus beau pansement de ma vie ! Mon plan-cul, mon plan-friends, mon plan-coeur pendant quatre ans. Il n'y a jamais eu de *date*, de restaus, ou autres entre nous, mais on était là l'un pour l'autre et on a passé de superbes soirées. **100 % good vibe !**

Ce fut une semaine incroyable, que je n'oublierai jamais. Pour une bonne raison aussi, qui est que j'ai aussi découvert ma sœur. On a vécu nos premières soirées de célibataires ensemble, au même moment, des pas de danses et des fous rires simultanés sans chercher à comprendre, mais juste à les vivre.

Bref, Kemer l'incroyable, une semaine dingue mais trop tôt. Je suis partie la semaine où devait avoir lieu mon mariage… Et malgré le soleil, malgré Klem, malgré Arnaud, malgré ma sœur, même si je m'amusais et profitais, tous les soirs je pleurais sous la douche et souffrais toujours.

J'ai rencontré Kelly à un des pires moments de sa vie... la fameuse semaine où elle aurait dû se marier.
Beaucoup de peurs, zéro confiance, de la tristesse mêlée à une envie de transformer sa vie...
Le soleil, la mer et la fête ont accompagné nos premiers moments, nos premières discussions.
J'ai tout de suite senti que Kelly pouvait devenir quelqu'un d'extraordinaire si elle se détachait de son ancienne vie.
C'est ce qu'elle a fait.
Son courage entre les mains, ***elle s'est jetée corps et âme dans de nouveaux projets, des passions toutes neuves qui la poussaient à se dépasser, à se mettre en danger et à réussir.***

Maintenant, pour moi, ***Kelly est une guerrière,*** *quelqu'un qui se bouge pour atteindre ses rêves. Bien sûr sa vulnérabilité et ses doutes l'accompagnent toujours mais elle ressemble de plus en plus à ce qu'on appelle aujourd'hui* ***une femme puissante.***

Klem

14

La rage au cœur : La Thaïlande

Je suis donc partie du jour au lendemain m'isoler en Thaïlande, à Khao Lak, à plus de 9000 kilomètres de Paris. « Dans quoi, je m'embarque ? », me suis-je dit. Première fois que je prends l'avion seule et même que je voyage seule. L'aventure commença dès l'aéroport. Il faut tout de même que j'avoue être myope et que je ne porte pas de lunettes (eh, oui ! je crois toujours que cela va finir par s'arranger et que je vais récupérer ma vue de lorsque j'étais enfant, alors qu'aujourd'hui je n'arrive plus à lire les noms des stations de métro, #cestgravedocteur). Cependant, c'est à ce jour la meilleure décision de ma vie. Je me suis découverte, calmée. J'ai compris, appris tellement de choses sur moi et sur la vie en général. J'ai l'habitude de dire que ce fut ma première petite thérapie : j'ai vraiment pris conscience à ce moment-là de ce que signifie vivre, **VIVRE À 200 %, VIVRE LE MOMENT PRÉSENT SANS RÉFLÉCHIR À L'APRÈS.**

Je ne me suis jamais sentie si vivante, si puissante. **J'ai choisi de prendre des risques et de n'écouter que moi, moi et seulement moi**. Pas l'hôpital, ni ma famille, ni mes amis mais juste moi et mon instinct. Alors, si j'ai un seul conseil à vous donner dans ce livre, c'est : partez ! Voyager seul, c'est l'expérience d'une vie.

Jusqu'à ce voyage, je n'avais jamais mis un pied en Thaïlande et encore moins dans un camp sportif. Au programme de celui que j'avais choisi : six heures de boxe par jour, par 40 degrés, loin de chez moi et de tous mes repères, moi qui n'avais jamais mis une paire de gants ni même fait de la corde à sauter.

Je ne vais pas vous mentir : le premier mois fut horrible ; j'avais mal partout, je vomissais tous les jours, je pleurais sous la douche, j'étais épuisée. Mais je ne voulais pas lâcher, je ne voulais pas donner raison à ceux qui doutaient de moi, je voulais me dépasser, me prouver que c'était possible. Aller de l'avant, réussir à passer à autre chose et à oublier.

Petit à petit, mon corps et mon esprit se sont adaptés au pays, au rythme et à cette nouvelle vie. Les changements physiques ont commencé à apparaître : je perdais du poids – 10 kilos en tout durant mon séjour –, mes bras se musclaient, mes abdos se dessinaient, et j'adorais cette sensation.

Le deuxième mois fut celui de ma rencontre avec la nouvelle moi, la Kelly plus sereine, plus sportive, plus folle, moins triste, qui monte sur un ring, prend des risques et quelques cuites. Une Kelly qui vit sans s'imposer aucune règle.

Durant le troisième mois, la boxe a pris le pas sur le reste. Je n'ai jamais autant boxé ; je montais enfin sur le ring avec les « grands », j'avais enfin le niveau. Je ressentais tout à la fois le danger, la peur, mais surtout cette puissance et cette rage en moi.

Cet exploit, je le dois à mon professeur, Li. Mon mentor, mon ami, mon père adoptif – je pourrais continuer la liste de ses surnoms tant cet homme est bon et a compté pour moi. Dès mon arrivée, il m'a cernée. Il donnait l'impression de me connaître mieux que je ne me connaissais moi-même. Il savait pour mon pacemaker, bien sûr, mais il me répétait : **« Tu es plus forte**

que tout ça. Tu franchiras tous les obstacles, tu as la force mentale pour te dépasser et aller loin. » Sans Li, mon expérience n'aurait pas été la même. On ne parlait pas la même langue, mais on se comprenait en un regard. Comme je ne voulais pas le décevoir, j'oubliais mes peurs, la douleur physique et donnais le meilleur de moi-même.

À mes débuts, je n'avais aucune garde. Dès que je lançais un direct, je la baissais tout de suite, je n'arrivais pas à la maintenir. Encore moins à encaisser les coups de mon adversaire et à les éviter. Ça allait trop vite. Alors je fermais les yeux. Je peux vous assurer que j'ai pris des tonnes de droites ! Après le trentième coup, j'ai commencé à comprendre et à danser sur le ring, à boxer sans penser à rien d'autre qu'aux combinaisons à enchaîner. La peur disparaît, les mouvements te paraissent fluides, ton retour devient léger, ton direct rapide.

« QUAND TU NE LÂCHES PAS TA GARDE ET TON REGARD, C'EST LÀ QUE TU COMMENCES À BOXER TA VIE. »

Trainer
#RawaiMuay

Au quatrième mois, j'avais mes habitudes, mes routines, une amie sur qui compter ; bref, je me sentais enfin bien. J'avais trouvé mon équilibre, j'étais chez moi et à ma place. Pour moi, c'est le mois de la puissance : j'ai eu comme un déclic, j'ai pris en puissance physique, ce qui m'a permis d'augmenter mon niveau et d'aller chercher un diplôme, performance qui ne m'avait jamais effleuré l'esprit.

J'étais portée par la confiance que Li avait en moi, et surtout j'avais transformé la peur par l'obsession : je pratiquais non-stop, avec pour objectif de prouver à tout le monde que je pouvais le faire. C'était ma revanche, ma récompense, ma bataille.

FAIRE PREUVE DE PERSÉVÉRANCE, TRAVAILLER SANS RELÂCHE, LA CLÉ DE LA RÉUSSITE EST LÀ. Et tout le monde en est capable. Ne lâche pas quand tu es fatigué(e), mais seulement quand tu as réussi et que tu es satisfait(e). Fixe-toi des objectifs et donne-toi les moyens d'y parvenir. Et entoure-toi des bonnes personnes – ça, on en parlera plus tard.

Durant le cinquième et avant-dernier mois, j'ai décidé de découvrir la Thaïlande. De passage sur Koh Phi Phi, j'ai retrouvé trois copines parisiennes le temps d'un week-end. Trois jours de fête à ne pas se rappeler où on avait dormi ni ce qu'on avait mangé : trois jours incroyables.

Et le sixième mois est arrivé. Le mois le plus difficile car il a lancé le compte à rebours de mon départ. Il ne me restait plus que quatre semaines pour profiter, pour apprendre, pour être sûre de moi, pour préparer mon retour, pour prendre conscience de ce qui venait de se passer. Bien trop peu pour comprendre que tout est terminé et que tu dois tout recommencer.

Je m'étais enfermée dans une bulle six mois, sur une île déserte, dans un camp de sport ; c'était alors facile pour moi de tout évacuer, de tout oublier. J'étais terrifiée à l'idée de rentrer. Mais je n'avais pas le choix : il fallait que je fasse face à tout ce que j'avais laissé en France. Donc j'ai serré les dents, j'ai fait ma valise, j'ai dit au revoir, j'ai pleuré comme jamais – j'ai l'impression de n'avoir jamais autant écrit le verbe « pleurer » – et je suis rentrée à Paris.

Permettez-moi d'ouvrir une parenthèse qui n'a pas grand-chose à voir avec la Thaïlande – vous me connaissez un peu maintenant, vous savez donc que je ne respecte pas toujours les règles ! Ce quatrième mois fut d'autant plus révélateur pour moi que, seule dans ma petite chambre, après une journée intense, à 25 ans, j'ai eu mon premier orgasme sous la douche.

Durant nos cinq ans de relation, Ben ne comprenait pas pourquoi je n'arrivais pas à avoir un orgasme, pourquoi il avait réussi à faire jouir toutes les filles et pas moi, son bébé cœur. Peut-être justement parce que cette expression m'empêchait de me projeter en tant que femme et qu'il me mettait une pression. Messieurs, si vous lisez ce livre, ne mettez jamais la pression à votre partenaire dans quelque domaine que ce soit, surtout pas quand il s'agit de sexe !

J'aimais Ben, j'aimais faire l'amour avec lui, il me plaisait et j'étais complètement à l'aise mais je n'arrivais jamais à atteindre l'orgasme.

Me voici donc à l'autre bout du monde sous la douche en train de ressentir quelque chose de totalement inédit mais de si bon ! **Je comprenais enfin ce qu'est un orgasme, ce sentiment de plénitude, de bien-être qui s'empare de toi, ce que signifiait ne plus contrôler son corps. J'étais rassurée, je me sentais « normale », du moins je pourrais cesser de me juger**. Cet orgasme a développé en moi une confiance incroyable ; je me suis repositionnée en tant que femme, j'ai repris le pouvoir de mon corps, de mon esprit, et je me suis sentie puissante. Enfin !

15

Le cœur en morceaux : retour à Paris

Mon retour à Paris a été comme une seconde claque, la seconde phase de ma dépression.

Alors, après deux semaines de décalage horaire, de retrouvailles familiales et amicales à raconter les six mois, la réalité m'est revenue en pleine figure. J'ai très vite compris que Benjamin n'avait pas juste annulé une fête car il était sous pression, mais qu'il avait tiré un trait sur notre mariage et cinq ans d'histoire pour une jeune Espagnole prénommée Victoria...

Depuis mon retour, j'avais envie de retrouver ma vie et mes habitudes, alors, un soir, j'ai décidé d'aller au *Paradis du Fruit*, où je travaillais avec Ben avant mon départ. Je me sentais bien et j'avais envie de me challenger, donc je suis allée là où je savais que j'avais une chance de croiser Benjamin. J'ignorais où j'en étais exactement, mais j'avais besoin de le voir, car je sentais quelque chose.

Quand je suis arrivé au restaurant, j'ai tout de suite compris. C'est fou, l'instinct féminin. Elle était assise à *ma* place dans *mon* restaurant. Quand elle m'a vu entrer, elle s'est tout de suite levée. On ne se connaissait pas, on ne s'était jamais vues, mais je savais exactement qui elle était et, bien sûr, elle savait pertinemment qui j'étais.

J'ai pris une grande inspiration, j'ai souri au personnel, aux clients, et j'ai marché droit jusqu'à elle. Je me suis mise face à elle et je lui ai dit : « Bonjour, je me présente : Kelly. » Elle a eu un temps de réaction puis elle m'a répondu avec un accent espagnol : « Bonjour, moi, c'est Victoria. »

Immédiatement, mon cerveau se met en route: accent espagnol, Victoria, Malaga... C'est avec elle que Ben avait passée ces dix jours. C'est avec elle qu'il m'avait trompée. Et c'est pour elle ou à cause d'elle qu'il avait annulé notre mariage.

Plus elle parlait, plus je me décomposais de l'intérieur. J'ai essayé de garder le sourire mais intérieurement j'explosais. C'est alors que Ben est apparu. Il s'est immédiatement placé derrière elle, face à moi. Je l'ai regardé et je lui ai dit: « Ben, tu as cinq minutes pour qu'elle sorte de *mon* restaurant. Cinq minutes avant que je ne la mette dehors par mes propres moyens. » Il lui a demandé de sortir et de l'attendre dehors, ce qu'elle a fait sans dire un mot.

J'ai commencé à parler: « Tout ça pour une autre? Je n'aurais jamais cru que ça nous arriverait, qu'on puisse se faire autant de mal. » Lui m'a sorti les violons: « Je n'ai jamais voulu de tout ça », « je ne t'ai jamais trompée », « je n'ai jamais voulu te faire de mal ni te blesser », « je n'ai jamais voulu te perdre », « je ne voulais juste pas de ce mariage, je voulais juste qu'on se retrouve! ».

Il m'a expliqué que Victoria n'avait rien à voir avec tout ça, qu'il l'avait bien rencontrée à Malaga mais qu'il ne s'était rien passé. Et que, c'est vrai, maintenant ils se fréquentaient mais c'était juste pour le sexe... Puis il m'a reproché de m'être enfuie, durant six mois, sans donner de nouvelles, de l'avoir laissé gérer toute l'annulation du mariage...

À chaque réflexion, chaque affirmation, j'ai répondu, j'ai objecté. Quand il a osé me reprocher de l'avoir laissé seul gérer l'annulation du mariage, j'ai eu un fou rire nerveux. « Tu sais quoi ? Laisse tomber. Si tu es vraiment comme ça, c'est qu'on avait rien à faire ensemble. » Je venais de lui laisser une chance d'être honnête, d'assumer ses choix, et il me décevait une nouvelle fois. C'est fou comme on peut passer de l'amour à la haine…

En quittant le restaurant, je tremblais à l'intérieur. Je me suis promis alors de ne plus jamais y mettre les pieds, de ne plus jamais revoir Ben et de ne plus jamais verser une larme pour lui ou pour les prochains !

L'amour, le vrai, c'était terminé pour moi.

16

Première claque professionnelle

La seule solution pour oublier tout ça était de travailler. Travailler, travailler et encore travailler. Mais j'avais tout à reconstruire, et aucune idée de par où commencer. Devais-je retourner en boulangerie-pâtisserie? Me lancer un nouveau défi et me faire une place dans le sport? Mon compte Instagram commençait à s'étoffer de nouveaux followers. J'avais envie de créer des événements sportifs pour faire vivre aux participants, le temps d'un week-end, ce que j'avais vécu en Thaïlande, mais en Bourgogne. Mais j'avais aussi envie de retourner en boulangerie... J'avais surtout envie de comprendre le business Instagram; ce nouvel Eldorado m'excitait et je savais qu'il y avait un travail monstre derrière. Bref, j'avais envie de tout tester. Il fallait que je prenne le temps de me poser avant de choisir ma voie – c'est le problème de ma vie.

J'ai d'abord décidé de me remettre au sport, ou du moins d'essayer de suivre le plan d'entraînement concocté pour moi par Stéphanie Rolland. Comme j'avais remporté le challenge auquel j'avais participé, elle continuait de me coacher en m'envoyant tous les mois un plan d'entraînement et un rééquilibrage alimentaire.

Elle m'a contactée à mon retour de Thaïlande et m'a proposé un rendez-vous pour évoquer un nouveau projet. Notre rendez-vous a eu lieu dans un café, à Pigalle. Stéphanie est venue seule et m'a présenté son nouveau concept : créer sa marque. Elle cherchait à constituer son équipe et souhaitait que j'en fasse partie. Je lui ai avoué en toute franchise que je n'avais aucune connaissance en sport mais que j'apprenais extrêmement vite et que j'avais réellement envie de me lancer dans cet univers. Ce à quoi elle m'a répondu qu'elle n'avait aucune inquiétude, qu'elle connaissait mon niveau en marketing, me savait bosseuse, et que, surtout, je pourrais évoluer avec elle sur la partie boxe. Dès ce premier entretien j'ai évoqué la question financière : je ne pouvais pas me permettre de quitter le milieu de la pâtisserie-boulangerie, où j'avais une vraie situation, pour repartir de zéro dans le milieu du sport. Elle m'a immédiatement demandé mon prix et s'est alignée.

Mon cerveau était en ébullition : Stéphanie m'offrait l'opportunité de découvrir et d'apprendre dans un nouveau domaine, celui qui m'attirait de surcroît, de développer mon compte Instagram et tout ça en gagnant un salaire plus que correct. Mais je savais que la base de toute négociation est de ne jamais répondre tout de suite et de ne jamais paraître satisfaite. Je lui ai donc demandé de me laisser la semaine pour réfléchir. Vendredi est arrivé et j'ai envoyé un message à Stéphanie : « Quand est-ce qu'on commence ? » La réponse ne s'est pas fait attendre : « Lundi. » Et c'est ainsi qu'ont commencé trois mois intenses de Stéphanie Rolland.

Avec beaucoup de recul, je considère ces quelques semaines comme une belle expérience. J'ai adoré cette période. C'est souvent le cas avec moi lorsqu'il s'agit de travail : j'ai cette fâcheuse tendance à faire comme si c'était ma boîte, mon projet, mes envies, mes idées. Alors je donne tout sans réfléchir ni me protéger. Ma famille, mes amis ont beau me mettre en garde sur les heures supplémentaires que j'accumule, sur mon implication parfois au-delà du raisonnable, je n'arrive pas à faire le strict minimum : **quand je fais les choses, c'est à fond**.

Il n'en reste pas moins que tout n'a pas été rose.

Lorsque je l'ai rencontrée au tout début de la websérie, j'étais complètement fan d'elle. Je buvais chacune de ses paroles. J'étais impressionnée par son rythme de vie : maman de deux enfants, femme accomplie, sportive accomplie, et business woman accomplie... Bref, pour moi, elle cochait toutes les cases. J'ai pressenti une tout autre réalité. Mais comme le challenge professionnel m'excitait, j'ai essayé de faire abstraction et de me concentrer sur le travail.

Stéphanie souhaitait créer une marque autour de son nom ; il fallait donc créer une image et une synergie autour de ses projets. Je lui ai rapidement proposé de breveter sa méthode : la méthode Stéphanie Rolland. Du fitness abordable pour les « gens de la vraie vie », avec la création d'une « team » de mentors appelés « coach by Stéphanie Rolland » et d'« ambassadeurs », à savoir celles qui avaient testé le programme. J'ai ainsi traité plus de sept cents mails de candidats potentiels et rencontré plus de cent personnes pour trouver les perles rares. Nous avons aussi développé une gamme de produits dérivés, comme la lunchbox ou les t-shirts.

Trois mois pied au plancher durant lesquels je n'ai jamais compté mes heures. Jusqu'à ce que, un matin, la veille de la fin de ma période d'essai, je reçoive un coup de fil m'annonçant : « Merci beaucoup mais on s'arrête là. » #WTF. Et vlan ! Une deuxième claque. Pour qui ? Pour Bibi.

J'ai pris une grande respiration et j'ai demandé des explications car je ne comprenais pas. Le plus dur dans toute déception, c'est de ne pas comprendre le pourquoi du comment. J'ai commencé à poser une batterie de questions, à me remettre en cause ? Qu'est-ce qui ne va pas ? Qu'ai-je fait de mal ? Y a-t-il quelque chose que vous n'appréciez pas dans mon travail ? C'est impressionnant comment en l'espace de cinq minutes, on peut perdre toute notre confiance en nous. Je vous passe la réponse mais ce que j'aimerais retenir de cette claque est que j'ai trouvé la ressource nécessaire pour rebondir. Après avoir touché le fond, j'ai appuyé sur mes deux pieds et retrouvé la motivation pour me lancer, prendre confiance en moi. Je dérange ? Ok ! Cela signifie donc j'ai un potentiel et une minichance de m'en sortir dans ce milieu, le monde du fitness !

C'est loin d'être la dernière claque. Mais vous allez très vite comprendre que **CE QUI NE ME TUE PAS ME REND PLUS FORTE. BEAUCOUP PLUS FORTE. BE READY !**

17

Événementiel EBL

J'ai mis une grosse semaine à me remettre du choc de mon licenciement express. Dix jours de questionnement, de doute, de déprime, avec le fameux « Pourquoi moi ? Qu'est-ce que j'ai mal fait ? » en boucle dans la tête.

Puis je me suis reprise et j'ai réfléchi pour tenter d'organiser la suite de ma vie. Je suis une championne de l'adaptation ; faire face aux problèmes, c'est mon dada. Un problème a toujours sa solution, il suffit de la trouver.

Donc, après avoir analysé la situation, j'ai décidé de créer ma propre société, Événementiel EBL (Eat Box Love), et de me lancer. Le concept : choisis ta boxe et viens boxer avec moi. J'avais envie de démocratiser ce sport, principalement en entreprise, avec des ateliers autour de la nourriture. J'allais proposer des événements aux entreprises, motiver les troupes.

J'ai recruté une team, dans laquelle se côtoyaient des coachs de boxe, de Pilates, de fitness. Puis j'ai très vite eu envie de développer la partie grand public de mon concept, d'une part parce que mon compte Instagram prenait de l'ampleur et d'autre part parce que mes followers me le réclamaient.

On a commencé très simplement en conviant les gens intéressés, dans des parcs, à participer à un cours moyennant 15 euros, avec une enceinte portable et des gants achetés chez Décathlon. Au bout de trois mois, nous avons atteint un bon rythme de croisière : la semaine, les cours en entreprise, et les week-ends, les cours dans les parcs.

Et vous savez quoi ? J'ai adoré cette première expérience. J'ai eu la chance de travailler dans des lieux d'exception qui m'ont permis de me lancer très rapidement, comme *Le Perchoir*. Lorsque j'ai vu que le Forum des Halles lançait un appel d'offres pour des cours de sport gratuits tous les dimanches de juin à août 2017, je me suis battue pour l'obtenir. En toute franchise, j'avais un avantage sur les autres postulants : je connaissais le budget. J'avais eu la chance d'organiser un événement précédemment dans ce magnifique lieu. Je connaissais la rémunération. J'ai fait une présentation en béton. j'ai vraiment essayé de vendre mon événement, de gérer tout de A à Z, les coachs, les marques partenaires, les goodies pour les participantes, les médias ou les influenceurs. Donc vous connaissez la suite, OUI ma programmation a été choisie ! J'étais tellement heureuse, tellement fière ! Offrir un cours gratuit tous les dimanches matin avec un coach différent par session, mettre en avant des marques partenaires auxquelles je crois et en plus de tout ça être rémunérée et rencontrer les participantes, c'était magique pour moi ! L'un des contrats les plus importants de toute ma carrière mais surtout l'une de mes plus belles expériences !

Ce contrat était aussi un signe qui me rassurait sur le fait que j'étais sur la bonne piste Car tous mes proches se demandaient combien de temps ça allait durer, pourquoi j'avais changé comme ça de voie. Pour mes parents, c'était complètement surréaliste : moi qui n'avais jamais fait une seule séance de sport, je passais ma vie à organiser des événements sportifs.

La seule qui ait toujours cru en moi et qui m'a soutenue dans ce nouveau challenge, c'était ma grand-mère. Ma grand-mère adorée. Elle est partie depuis deux ans maintenant et évoquer son souvenir me fait monter les larmes aux yeux. Elle me manque tant... Ni les voyages, ni les thérapies, ni *Boxe ta vie*, ni l'amour, ni les séances de psy ne feront diparaître la tristesse qui m'a envahie le jour où tu es partie. Je t'aime, Mamie.

Mais revenons à l'appel d'offres du Forum des Halles. Le décrocher a été une belle victoire. Mais qui dit « Forum des Halles » dit « mairie de Paris » et normes de sécurité maximales. J'ai rapidement compris que je ne pourrais pas animer les cours de boxe avec mon seul diplôme thaïlandais. Sur Instagram aussi, certains coachs commençaient à insister lourdement, notamment une certaine Stéphanie, sur l'importance de vérifier la carte professionnelle des coachs en ligne, si c'étaient bien des professionnels certifiés. Je faisais de l'ombre et j'ai très mal vécu cette jalousie mal placée et surtout injustifiée : je ne volais rien à personne ! Et même si je n'avais pas les diplômes officiels, je n'avais jamais fait prendre le moindre risque à mes élèves, je déléguais le fitness à un coach diplômé et je n'assurais moi-même que la boxe pour laquelle j'avais un diplôme.

Très vite, j'ai cédé à la pression et je ne le regrette pas : j'avais six mois pour décrocher mon diplôme d'État de fitness.

18

Opération CQP

Pour commencer, qu'est-ce que le certificat de qualification professionnelle, ou CQP ? Le certificat de qualification professionnelle en fitness se compose de plusieurs étapes :

- **Maîtriser les règles de sécurité**, c'est-à-dire savoir agir en cas d'accident et connaître les règles de sécurité dans une salle de remise en forme.

- **Accueillir les publics**, c'est-à-dire savoir accueillir un adhérent et surtout connaître les différents publics et leurs caractéristiques.

- **Connaître les fondamentaux scientifiques et nutritionnels**, c'est-à-dire mobiliser des connaissances en anatomie et en biomécanique mais aussi en mobiliser des connaissances en physiologie et en nutrition – l'horreur pour moi...

- **Maîtriser les fondamentaux du marketing et de la communication** – la meilleure partie pour moi, peut-être la seule pour laquelle je n'ai pas froncé les sourcils. Il faut prouver que l'on est capable d'analyser et diagnostiquer l'activité d'une structure, de mobiliser des techniques en marketing, d'utiliser des stratégies marketing pour le développement de l'activité « j'adore ma passion ! ». Enfin, concevoir un plan de communication en choisissant des supports adaptés.

- **Maîtriser la pédagogie en cours collectifs**, c'est-à-dire maîtriser les fondamentaux de la pédagogie en cours collectifs, savoir construire une séance pour les différents cours collectifs, animer une séance en cours collectifs – assez facile pour moi, car j'avais appris la même chose en boxe. Assurer la sécurité des pratiquants durant un cours collectif.

• **Maîtriser la technique des cours collectifs**, c'est-à-dire maîtriser la relation musique et mouvement, la technique des cours de type cardio-vasculaire, la technique des cours de type renforcement musculaire et, pour finir, la technique des cours de type flexibilité et mobilité.

Voilà, vous savez ce qui vous attend si demain vous avez envie de vous reconvertir en tant que coach sportif !

Le CQP, c'est la base et c'est essentiel pour se protéger en tant que professeur mais aussi pour protéger les élèves. Il est primordial d'avoir ces notions dans un coin de la tête, même si tu choisis un mode d'enseignement moins classique, moins académique. J'ai développé ma propre méthode, mais je connais les fondamentaux en termes de sécurité et je les applique si j'en ai besoin.

Il me fallait obtenir ce fameux sésame. J'ai donc mis toutes mes vies hormis le boulot entre parenthèses pour ne me consacrer qu'à cet objectif. Six mois sans vie sociale, à jongler entre le diplôme et mon job. Le matin, j'étais à l'école ; l'après-midi, je préparais mes événements en entreprise ; à 18 heures, j'assurais ma prestation chez mes clients, et le week-end j'enchaînais avec les événements grand public. Toute seule, avec une stagiaire incroyable les week-ends.

La formation théorique du diplôme était assez simple en coaching mais plus dense en anatomie. Il y avait aussi toute une partie pratique, avec un stage en salle de sport à effectuer. C'est comme ça que j'ai rencontré Wiwi. William...

Nos routes se sont croisées car j'ai fait mon stage dans la même salle que lui. À force de se voir tous les mercredis, on a appris à se connaître. Je lui dois mon diplôme et bien plus encore. Je me suis en effet rapidement rendu compte que je n'avais aucune mémoire et que j'étais incapable de retenir des fiches par cœur. J'avais besoin de moyens mnémotechniques et de comprendre pour retenir. Et c'est là que William intervient. Il a été d'une patience, d'une gentillesse et d'un savoir imbattables. J'avais même droit à des massages pour bien comprendre l'anatomie en détail !

William est le genre de personne dont tu sais en un regard qu'elle va faire partie de ta vie pour un long moment. Il est l'un de mes meilleurs amis, il m'aime pour ce que je suis, avec mes défauts et mes qualités, il a su être là, m'accompagner et surtout ne jamais me juger. Je souhaite à chacun et à chacune d'entre vous d'avoir un William !

Si tu connais Instakelly, tu ne connais pas Kelly, enfin pas vraiment… La fille qui rentre dans la pièce avec une espèce de halo lumineux, qui sourit à tout le monde, qui parle un peu fort et qui paraît intouchable, c'est la face visible de l'iceberg !

Tu fais une soirée avec Kelly, loin des réseaux et de l'image médiatique et tu découvres un autre univers. Le contraste entre une fille ambitieuse et des envies simples, du soleil, des amis et du sport, pas des shootings en drap blanc dans un loft parisien. Une envie de famille et de stabilité recouvertes par une énergie débordante et des lacunes organisationnelles !

Paradoxalement, si tu ne connais pas Kelly, t'es obligé de l'aimer. T'es obligé d'aimer la boxeuse féministe pleine de vie au passé compliqué, qui se démène et qui assume ses choix. Mais comment deviens-tu proche de Kelly ? Observe ses proches, son mec, ses coups de cœur amicaux et tu verras. Ou plutôt tu ne verras pas, ou presque, en tout cas pas sur les réseaux.

Tu découvres la beauté de l'authenticité, une personnalité contrastée, quelqu'un qui s'expose et qui donne de l'amour, sincèrement.
Jtm keke.

William

Après six mois de travail acharné, j'ai obtenu le CQP fitness. J'étais si fière ! C'est fou comme un morceau de papier, en l'occurrence une petite carte, peut te donner un coup de boost et décupler ta confiance. J'avais le sentiment que mes doutes, mes interrogations s'étaient apaisés : « Est-ce que je suis crédible dans le sport ? », « Pourquoi m'infliger ça ? », « Vais-je tenir physiquement ? » « Les profs vont-ils m'accepter ? », « Les élèves vont-ils m'apprécier ? » Toujours cette peur du jugement. Mais la peur empêche d'avancer. Non, je n'étais pas partie pour la Thaïlande par hasard ; oui, j'avais ma place et, oui, j'avais quelque chose à écrire !

Après un an d'événementiel avec EBL, un diplôme de fitness instructor en poche, je me sentais enfin à ma place.

ET COMME D'HABITUDE, J'EN VOULAIS TOUJOURS PLUS.

Événementiel EBL a vraiment pris son envol grâce aux événements organisés au Perchoir, les tout premiers « Boxe & Brunch », une session de boxe suivi d'un brunch de folie avec une vue imprenable sur Paris.

Mais c'est surtout au Perchoir que j'ai rencontré ma « Da », dite Blanche Neige ou Jasmine. Une autre de ces personnes que le destin met sur ta route et qui change le cours de ta vie.

J'ai rencontré Maïa pour la première fois lors d'un événement yoga organisé par une marque et auquel j'avais été invitée. C'est toujours important de créer des contacts et de faire du networking lors de ce genre d'événement. J'avais repéré Maïa au milieu de ses tapis Baya. Avec son rouge à lèvres rouge, son sourire et son gros pull, elle avait l'air d'une gitane, mais d'une classe folle.

Je me suis approchée d'elle et j'ai entamé la conversation en la complimentant sur l'événement – elle en avait cogéré l'organisation –, mais en précisant que je n'étais ni très yoga ni très méditation. « Pourquoi tu es venue ? », m'a-t-elle répondu en riant. Je lui ai expliqué qu'il fallait que je parvienne à aimer le yoga un jour, que ça me ferait le plus grand bien et que je tentais de m'y mettre grâce à ce genre d'événement.

Nous avons parlé deux heures, au terme desquelles nous avons acté la création d'un événement Boxe & Brunch. Deux semaines plus tard, les Boxe & Brunch étaient lancés. Nous ne nous connaissions pas et jouions gros toutes les deux : elle proposait un nouveau concept d'événement à ses patrons et moi j'envisageais mon premier gros événement grand public.

Après deux semaines de travail intense, le grand jour est arrivé. Une heure de boxe suivie d'une heure de brunch sur le toit du Perchoir, avec une vue magnifique. Les partenaires avaient répondu présents, des goodies étaient à la disposition des participants, des influenceurs et la presse avaient fait le déplacement et surtout mes élèves étaient tous au rendez-vous pour la première.

À la fin de ce premier Boxe & Brunch, Maïa et moi avons tout de suite compris que c'était tout sauf le dernier. Et c'est là que notre amitié a commencé. La blonde et la brune. On a appris à se connaître, on a enchaîné les soirées, les fous rires. On organisait nos événements et on en voulait toujours plus : plus de monde, plus de partenaires, plus de goodies, plus de folie, plus d'espace, plus de matériel mais surtout plus de liberté.

Maïa est ce genre de personne qui vous permet de vous lâcher, de rire sans relâche, qui donne ce sentiment grisant de comprendre sans avoir à se parler. C'était nous, DA et DA...

Sûrement le passage le plus important de ma vie.

19

Dada la coloc, l'appartement de tous les possibles

L'aventure Dada a commencé un soir au Perchoir. Maïa et moi avions décidé de nous poser chez moi pour débriefer. Comme d'habitude, on a commencé par un état des lieux de ce qui avait fonctionné, de ce qu'on devait améliorer. Puis on a regardé les photos, préparé les comptes rendus pour la marque partenaire et fait les comptes. On s'est alors rendu à l'évidence : *Le Perchoir*, c'était magnifique, mais on ne pouvait pas travailler autant pour si peu. Nos événements étaient rentables, mais on donnait presque la totalité de nos recettes au lieu.

Ce soir-là, après le troisième verre de vin rouge, je me suis lancée et j'ai fait ma proposition à Maïa. Je lui ai exposé mes idées en toute franchise : que ça faisait longtemps que j'y pensais, mais que je n'avais pas eu le déclic ni le courage de me lancer seule et que je n'étais jamais tombée sur une personne qui m'avait donné envie de m'associer, de me projeter sur du long terme et de sauter le pas..., d'avoir enfin notre lieu.

On a commencé à se projeter, à comparer nos forces et nos faiblesses, à se confier totalement sur ce qu'on voulait et attendait de notre business. D'un point de vue professionnel, Maïa et moi étions complètement différentes : nous n'avions pas du tout la même ambition et notamment on ne donnait pas la même importance au travail et à la réussite. Mais j'admirais son calme, sa zen attitude et sa philosophie de vie, et j'étais persuadée que nos différences pourraient se transformer en forces. Comment dit-on ? **L'union fait**

la force. Et de notre union est née ma première aventure entrepreneuriale: Dada.

En à peine deux semaines, le projet était sur les rails: on avait l'appartement, le site, le compte Instagram, les noms et la folie. L'alignement des planètes était parfait; si on trouvait tout aussi rapidement, c'est que ça devait se faire, que le monde attendait Dada.

L'entrepreneuriat. Ma deuxième vie… J'ai tellement appris sur la vie, sur les gens et sur moi! Dada m'a fait grandir, m'a permis de changer, de voir les choses différemment et d'apprendre à me connaître. L'entrepreneuriat, c'est beaucoup plus qu'un travail, c'est un mode de vie. Tout le monde ne peut pas se lancer dans cette aventure. Il faut avoir les épaules, le temps, l'énergie. C'est un état d'esprit: on n'apprend pas à être entrepreneur, soit on l'est, soit on ne l'est pas. L'envie d'entreprendre vient des trips, Il faut se battre sur tous les fronts. Et surtout, surtout, savoir se remettre en question et ne jamais abandonner. Vous pouvez vous repositionner si votre offre ne répond pas au marché, mais jamais abandonner. J'ai souvent voulu lâcher, laisser tomber, comme tout le monde, car j'étais seule, trop seule financièrement. **L'IMPORTANT N'EST PAS DE VISER LA CIBLE, MAIS DE L'ATTEINDRE, QUELS QUE SOIENT VOS MOYENS**.

Ma vie a littéralement changé à l'ouverture de Dada. Le challenge de ma vie. Si vous saviez tout ce qu'on a pu faire dans cet appartement: toutes les improvisations, les last minutes, les soirées, les cours, les sessions de ménage, de rangement, de déménagement, d'organisation, de partage ,et j'en passe... Bienvenue chez Dada : un lieu de vie pour apprendre à boxer sa vie, sans aucune règle ni aucun jugement.

BIENVENUE CHEZ DADA :
C'EST MON APPART, MAIS C'EST AUSSI UN PEU LE VÔTRE.
BIENVENUE CHEZ DADA
L'APPARTEMENT DE TOUS LES POSSIBLES !

Sans aucune prétention, je pense avoir presque tout vécu avec Dada. Je suis passée par toutes les émotions, de la joie à la tristesse, de la fierté à la déception, de l'excitation à la peur. J'ai énormément pris sur moi, souvent renvoyé en stories l'image que tout se déroulait sans accrocs alors que, la seconde d'après, je lâchais le téléphone et je craquais car, non, rien n'allait.

Dada, c'est bien plus qu'un appartement : c'est mon second moi, c'est cette petite voix qui me dit de foncer quoi qu'il arrive. Dada m'a portée, m'a permis de tenir et d'avancer mais surtout d'affronter la vie, ses galères et ses obstacles. Cet appart' a comblé tous mes manques. Oui, vous avez bien lu : ce projet m'a apporté tout l'amour dont j'avais besoin. Dès que je passais une mauvaise journée, que j'ouvrais la porte et que je voyais cet ABRACADADA inscrit sur le mur en entrant, j'avais souvent les larmes aux yeux parce que chaque jour, de chaque mois de chaque année, je me disais : je l'ai fait !

J'étais seule dans mon délire, seule dans ma bulle, seule dans mon Dada. C'était Dada et moi contre le reste du monde.

Une journée type chez dada entre nous c'est impossible car il n'y avait pas une seule journée qui se ressemblait, DADA c'était l'appartement de tous les possibles donc tous les jours une nouvelle surprise , des évents plus fous les uns que les autres.

Mais en gros voilà. Voilà comment ça se présentait :

DAILY PLANNER

☑ **6H45**

Réveil « Prépare-toi, Kelly ! » Je m'autochallenge « Go Kelly ! » 30 minutes pour me doucher, me laver les dents, me pimper, et donner l'impression que je suis réveillée depuis trois heures et que je suis au taquet.

☑ **7H15**

La première fille sonne à l'interphone. Il y en a toujours de très ponctuelles, voire en avance. C'est toujours un peu stressant, car je vous laisse imaginer combien ces 15 dernières minutes de préparation sont cruciales. Mais cela permettait à chacune, elles comme moi, de prendre ses marques et se mettre dans l'ambiance.

☑ **7H30**

Morning vibe. 45 minutes de réveil musculaire et de running ! L'un de mes cours préférés chez DADA pour moi le plus efficace et celui qui te donne la patate pour toute la semaine.

☑ **8H15-8H35**

Petit déj chez DADA. Très simple, café et cake (maison préparés la veille). Je vous arrête tout de suite ce n'était pas moi la cuisinière, pas d'inquiétude. J'avais la chance de travailler avec une dadachef qui me préparait des cakes maison congelés. Je n'avais plus qu'à les décongeler la veille pour le lendemain. Ils étaient incroyables.

☑ **8H35-9H**

Douche et mise en beauté. À l'époque je prenais plus soin de moi enfin je me maquillais plus. J'essayais de faire un effort coiffure et vestimentaire. J'adorais passer du legging à la petite tenue « boulot ».

☑ **9H15-30** (selon le RER)

Arrivée de mon équipe (ou plutôt de Zoé ma stagiaire). Oui vous l'avez compris avec DADA j'ai très peu délégué. Le loyer de l'appartement ne me permettait pas de me faire accompagner. Mais j'ai eu la chance de tomber sur des stagiaires incroyables, de vraies petites pépites !

☑ **9H30 -11H30**

Gestion des mails, prospection, relance de devis pour de la création de contenu, etc. On avait toutes les deux nos missions, le but était d'être le plus efficace en peu de temps. J'adorais nous donner un timing, être focus pour après faire le point.

☑ **11H30**

Mon moment préféré. Point sur « qu'avons-nous fait ? » « Quelles sont les réponses ? » « Quelle est la prochaine to do ? » « Comprendre pourquoi on n'a pas eu de réponse ? » + Checking des profs pour le soir + Relance planning Insta et motivation des élèves.

Oui DADA c'était un vrai challenge car je n'avais pas tous les outils marketing à dispos Je rappelle que le lieu était secret, qu'il n'y avait pas de site Internet donc pas de newsletter, pas de base de clients. Pour pouvoir faire de l'acquisition, je passais seulement par Instagram. C'était cool et très gratifiant mais entre nous, c'était ingérable. Imaginez-vous trois cours dans la journée avec 10 personnes, donc 30 personnes à contacter, gérer par message Insta ? En soi, ça peut paraître pas grand-chose, mais c'est très chronophage et une déperdition de temps inimaginable. Avec le recul, je me dis, mais « Comment j'ai fait ? » !

☑ 12H30 - 13H30

Lunch ! J'adore manger le midi. Bon, quand j'ai le temps. Très souvent, je mange très peu le matin et donc à midi, j'ai trop faim. Surtout ça me permet de faire une vraie pause et de parler le temps d'une heure de tout et de rien avec Zoé.

☑ 14H - 16H

Rendez-vous clients. Ça peut être une visite de l'appartement pour un futur artiste, un futur événement comme un rendez-vous collab avec une marque, ou encore un enregistrement de podcast. Mais 14 heures… il y a toujours un rendez-vous.

☑ 16H - 17H

Retour de mail/checking réponse du matin/faire une dernière relance si je n'ai toujours pas de réponse. Entre nous j'essaie toujours de gérer mes mails à l'instant T. Quand j'ai la possibilité de répondre, je le fais tout de suite. « Ce qui est fait aujourd'hui, ne sera pas à faire demain », me répétait souvent ma grand-mère.

☑ 17H

Relance Instagram et préparation de la salle. Ménage rapide dans toutes les pièces et vérifier que tout est à sa place. Préparer les tapis pour le cours de Pilates. Appeler le coach pour vérifier qu'il est bien en route.

☑ 17 H 30

Promenade de Marley pour être sûre qu'il soit cool, lui aussi, pendant la session. Et là il est 18 h et on part pour 2 heures de coaching. J'accueille les premières les élèves. Aux nouvelles, je leur explique un peu le concept « DADA l'appartement des possibles, tu es comme chez toi, à la maison ».

☑ 18 H 25

Petit stress la Coach n'est toujours pas là, malgré les appels, les relances. Ça arrive quasiment un fois sur deux. 5 à 10 minutes de retard ce n'est certes pas grand-chose, je suis moi-même tout le temps en retard mais quand c'est pour un coaching c'est compliqué, et ensuite c'est l'escalade. Quand cela arrivait, je meublais et commençais le cours avec un échauffement jusqu'à l'arrivée du coach. La plupart du temps, elle enchaîne direct et reprend sa classe. Et là ça part pour 45 minutes de Pilates fusion. Quand je me chauffe, et qu'il y a de la place, je m'autorise à faire deux-trois Flow !

☑ 19 H 30

la classe se termine et malheureusement je speede un peu sur les au revoir car à 19h45 j'enchaîne avec un cours de Funboxe. Ce qui est cool c'est que parfois les filles restent pour le deuxième cours. Et là, je me motive et je repars pour une heure de cours avec la patate, le sourire.

☑ 20 H 45

Le cours de FunBox vient de se terminer. Je propose un apéro aux nanas. C'est ultra-aléatoire et pas obligatoire, parfois, elles restent toutes, et parfois non par manque de temps. C'est juste moi qui aime kiffer ma petite bière après une grosse séance. Mon petit site, un verre de vin avec des chips, c'est ma passion, ma façon à moi de me féliciter de ma journée !

☑ **21H15**

Grand Max, tout le monde est parti et oui mes filles ont leur vie :) À ce moment-là, en fonction de mon travail, soit je m'autorise un bain version récup' soit je me commande à manger et je me mets sur l'ordi.

Je rédige mes posts pour le compte de DADA et pour mon compte. Oui oui, vous avez bien compris je fais ça la veille pour le lendemain. Je suis ultra-organisée, n'est-ce pas ? Parfois ça m'arrive de préparer mes postes une semaine à l'avance mais c'est rare. Je travaille rarement les deux profils en même temps, DADA et Kelly, c'est souvent un sur deux. On ne peut pas être parfaite, hein ?

☑ **22H30**

Petit coucou à la famille et aux amis.

☑ **23H30**

Gros coup de flippe pour le lendemain et je me chauffe à faire un ménage nocturne :)

☑ **0H30**

Je décide de me mettre au lit.

C'est du non-stop. Il y a toujours quelque chose à penser, à faire et en vrai c'est ce qui m'a tenu éveillé pendant trois ans et demi, ce qui m'a permis de payer mon loyer et de me payer ou tout du moins de faire face à tout ce qu'il m'arrivait. Ce travail, c'était mon adrénaline, ma drogue à moi c'était ce que ce qui me permettait d'oublier et surtout je ne m'accrochais qu'à ça ! Un contrat signé et j'avais des paillettes dans les yeux.

J'ai eu la chance d'avoir de très beaux événements chez DADA. Comme les brunchs du dimanche matin avec les bloggeuses Food expert, les expos photos avec des artistes talentueux comme Atelaquandmeme, des soirées social club 100 % foot avec l'équipe Adidas. Des talk inspirant avec des entrepreneurs incroyables comme Camille Azoulay la fondatrice de funky Veggie, ses shootings photos dingues comme le tout premier shooting de la collection Meuf Paris. Quand j'y repense et quand je vois le succès aujourd'hui de Meuf Paris, je suis trop fière ! Des campagnes e-commerce e-influence avec Intersport, 3 jours de tournage vidéos avec la belle Christelle et son copain Médhi. Des rencontres magiques et inoubliables comme Camille qui faisait la campagne Care pour les Nanas de Paname. Je me souviens de notre rencontre… Ma Camille, tu es l'une de mes plus belles rencontres dans ce milieu, dans cette jungle. Je m'en souviens comme si c'était hier, toi et moi dans ma cuisine à refaire le monde et parler très sérieusement de masturbation féminine. Il était bon ce temps ! **CHAQUE JOURNÉE ÉTAIT UNIQUE ET CA C'ÉTAIT VRAIMENT LA FOLIE !**

3 ANS
150 EVENTS
300 COURS
20 K D'ABONNÉS
10 K D'EUROS
DE GAGNÉS

10 K POUR
OUVRIR UN
DADACLUB

15 MARQUES
PARTENAIRES SOUS
CONTRATS : SPORT,
BEAUTÉ, FOOD,
BIEN-ÊTRE

DADA

LETSCOOKTONITE

IG BAS

LIV CHAMPAGNE

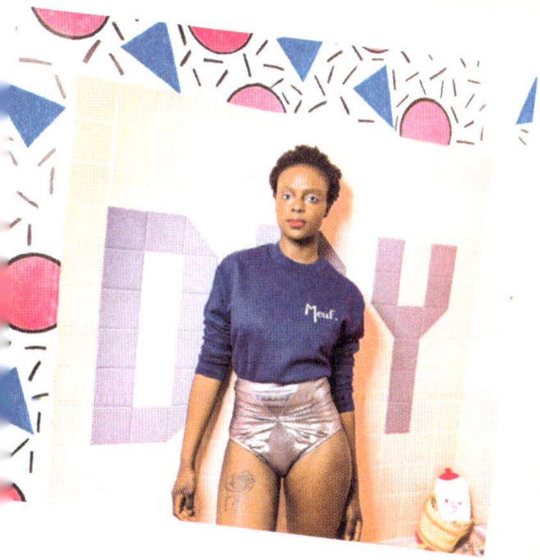
Meuf.

#BOXE TA VIE !!
#DADA GIRLBOSS

20

Un jour j'irai à New York avec toi : IFund Women

J'avais décidé de créer, parallèlement à Dada la coloc', un Dada Club, version premium du Dada d'origine, cette fois en plein cœur de Paris.

À l'époque, je n'avais pas le sentiment d'exister aux yeux du monde des affaires : j'avais l'impression de ne pas faire de bruit, je n'avais pas créé de société pour Dada ni de site, car je devais résoudre un problème de bail. J'avais encore moins conscience que mon projet « secret » était en fait connu, et pas de n'importe qui... Avec Dada et Adidas, j'ai eu la chance d'être sélectionnée pour présenter mon second projet, le Dada Club à IFundWomen, un fonds d'investissement participatif new-yorkais. J'ai été sélectionnée pour représenter l'entrepreneuriat français face à des femmes telles que Justine Hutteau, la créatrice de la marque Respire, ou Mathilde Lacombe, cofondatrice d'Aime Skincare.

J'étais de loin la moins connue mais celle qui répondait le plus au profil : créer un projet avec des valeurs écologiques, sociales et sportives. Mon projet Dada collait à la virgule près : un appartement sportif où prendre des cours de sport avec donation, accessibles à tous, avec une conscience artistique et écologique, décoré par des artistes et des ateliers DIY Éco-friendly.

Ces trois jours à New York furent incroyables. J'ai réussi à remporter le prix de l'entrepreneuriat français, à gagner 10 000 euros car – en étant sélectionnée parmi les trois projets les plus prometteurs –, et, de plus à présenter mon projet à New York, devant un parterre de femmes puissantes, intelligentes, toutes entrepreneuses qui n'avaient peur de rien.

Moi, en revanche, j'avais peur de tout ! J'étais tétanisée à l'idée de pitcher devant toutes ces personnalités mon projet le Dada Club en anglais et devant toute la team Adidas… Mais ce fut une aventure extraordinaire, que je ferais de nouveau sans hésiter. J'y ai rencontré des femmes spectaculaires, et je pèse mes mots.

Surtout, cette expérience m'a offert de reprendre confiance, de prendre conscience que même si je n'étais pas parfaite, voire que j'étais un peu borderline, j'étais tout de même une bonne entrepreneuse.

Depuis cette récompense, même si j'ignore où, quand et comment, je sais qu'un jour j'aurai mon Dada Club.

IL FAUT TOUJOURS CROIRE EN SES RÊVES.

21

L'humanitaire

Lors de l'ouverture de Dada, j'avais, comme à mon habitude, vu les choses en grand ; je proposais un nombre impressionnant de disciplines et de cours : la Danceboxe, la Pilboxe, la Kidsboxe, la Brunchboxe, la Yogiboxe, et bien sûr la Funboxe et la Hitboxe.

Après deux ans de test, j'ai pris la décision de resserrer mon offre et de garder seulement la Funboxe et la Hitboxe. Ces deux disciplines sont ma signature, celles qui me représentent le plus, ultra différentes l'une de l'autre et donc très complémentaires. La qualité devait désormais primer sur la quantité.

J'ai mis du temps à réduire mon offre ; je suis une vraie touche-à-tout et j'aime vous faire partager toutes mes rencontres, tous mes coups de cœur sportifs. Vous qui venez à mes cours, qui suivez mon parcours, vous avez toujours été une source de motivation. Vous m'avez tant aidée, que, durant ces cinq ans, chaque fois que j'ai eu envie de tout abandonner, vous étiez présents à mes cours et m'avez relancée. Chaque fois que je doutais sur des chorégraphies, sur des concepts ou sur des événements, vous voir au rendez-vous, découvrir vos sourires, a été les meilleurs des boosters. Vous m'avez toujours fait confiance, même quand je n'étais pas au top de ma forme, quand je vous ai déçus par manque de présence, d'originalité. Vous êtes au rendez-vous quoi qu'il arrive, alors permettez-moi de prendre quelques lignes de ces pages pour vous dire un immense merci. Vous m'avez fait grandir, vous m'avez donné la foi, vous avez réveillé l'espoir. C'est pour vous que je me bats et remets mes gants pour boxer ma vie tous les jours un peu plus. Grâce à vous, j'ai réalisé l'un de mes rêves : vivre une expérience humanitaire.

L'une de mes plus grandes fiertés de ces cinq années d'entrepreneuriat a été de rencontrer l'association Planète enfants et développement, qui aide les femmes et les enfants issus des milieux les plus défavorisés à s'en sortir et qui agit dans quatre pays : le Cambodge, le Népal, le Burkina Faso et le Viêtnam. J'ai eu la chance de pouvoir monter un projet associatif, de prouver que le sport n'a pas de frontières.

J'ai eu trois mois pour récolter un maximum d'argent pour soutenir l'association et pouvoir partir donner trois semaines de cours aux femmes et aux enfants pris en charge par l'association. Pour mener à bien cette mission, j'ai tout fait : des cours de sport, de petits et de très gros événements, avec le Forum des Halles notamment, mais aussi des collaborations rémunérées, et j'ai réussi.

Ce voyage m'a fait énormément de bien et a beaucoup remué les lignes. Quel bonheur de se sentir utile loin des fakes, des likes, des filtres des posts et de tous ces faux-semblants ! De recevoir le sourire, un regard de la part de personnes qui n'attendent rien en retour est une expérience inoubliable. C'est d'ailleurs lors de ce voyage que je me suis rendu compte que j'étais ultra sensible et que j'avais au plus profond de moi l'envie de devenir maman, de donner de l'amour à un petit être.

22

G comme…

Je me suis fait tatouer un G sur la cheville droite. C'est le tatouage dont je suis le plus fière.

G pour Germaine, ma grand-mère, G pour grande, G comme guerrière, G comme gagnante, G comme le point G... Bref, vous avez compris, beaucoup de G mais surtout ce besoin de l'avoir sur moi.

J'ai perdu ma grand-mère en 2019. En écrivant ces lignes, je me revois le dimanche, après mes cours, prendre le RER pour aller jusqu'à Chatou, là où elle vivait. Qu'est-ce que j'aimais ces moments... Ma grand-mère est l'une des personnes les plus importantes pour moi, la personne que j'ai le plus aimée et que je ne cesserai jamais d'aimer. Je n'accepte toujours pas qu'elle soit partie, même deux ans après. Mais j'avance car je n'ai pas le choix et j'ai la chance d'être en vie.

Ma grand-mère est née le 27 octobre et elle est partie le 31 octobre. Jusqu'au bout, elle a été présente et puissante. Choisir de partir le soir d'Halloween, c'est s'assurer que personne n'oublie jamais cette date: la fête des morts! Comme s'il était possible d'oublier ce genre de date...

Depuis qu'elle n'est plus là, j'ai décidé que chaque 27 octobre, jour de son anniversaire, je m'obligerais à accomplir des choses extraordinaires. Comme si, depuis deux ans, j'avais accepté le challenge de ma vie. C'est pour cette raison que je me suis inscrite à la course Marseille-Cassis. À cause de mon pacemaker, il m'est interdit de courir. Il m'arrive de courser le bus quand je suis en retard, mais je m'essouffle très vite, voire j'ai un malaise. Alors rallier Marseille à Cassis en courant relevait du miracle…

Je me suis préparée quatre semaines avec Yanis Sport, le pro du BTC (Bloque Ton Cerveau). Et le résultat fut au-delà de mes espérances : ce 27 octobre 2019, j'ai couru 21 kilomètres avec beaucoup de dénivelés, sous une chaleur intense. J'avais la rage et mal partout. L'envie d'abandonner au premier kilomètre. Au dix-huitième, je me suis mise à pleurer en regardant Yanis et je lui ai dit : « J'abandonne, je ne peux pas, je n'ai pas la force, la capacité ! » Là, **J'AI EU UN FLASH, UNE MONTÉE D'ADRÉNALINE, D'ÉNERGIE, D'ENVIE DE VAINCRE ET SURTOUT DE ME PROUVER QUE POUR ELLE, POUR MA MAMIE CHÉRIE, J'ÉTAIS CAPABLE DE TOUT**. Je me suis alors mise à courir comme si je jouais ma vie. Je ne pensais plus ni à mon cœur, ni à mes douleurs, ni à ma flemme, je voulais juste terminer cette course.

Une fois que j'ai passé la ligne d'arrivée, j'ai vu mon père et j'ai tout lâché. J'ai eu un malaise – il a même fallu recharger la pile de mon pacemaker. Mais j'étais si fière, si heureuse ; j'avais enfin terminé ma première course, j'avais enfin une médaille.

Quand je repense à tous ceux et toutes celles qui me disaient : « Avec ton cœur, tu n'y arriveras pas, c'est trop risqué », tous les coachs qui ont refusé de m'entraîner de peur de ne pas réussir et de détruire leur image à cause de ma non-performance, le nombre de personnes que j'ai idolâtrées sur Instagram et le nombre de coachs qui m'ont déçue... Yanis est le seul que j'ai contacté qui n'a pas eu peur de mon handicap, peur de ne pas y parvenir. Bien au contraire : il savait que j'y arriverais. Il était sûr de lui. Notre relation fut mouvementée, tendue. J'étais très stressée, car aussi bien l'entraînement que le jour J ont été difficiles. Mais on l'a fait ! Un grand merci à toi, Yanis, pour ton courage, ta persévérance, pour tout !

J'ai aussi eu la chance d'être entourée de deux de mes proches : ma Fanny d'amour et mon papa. Fanny, une de mes meilleures amies, mais surtout une femme qui me rassure et me connaît très bien. Elle prend soin de moi, me conseille et me tire vers le haut. Nous sommes extrêmement différentes – elle est la sagesse incarnée –, mais je l'aime et je sais qu'elle fera partie de ma vie pour un bon moment. Il y avait aussi Sarah qui a géré toute l'organisation avec Shock Absorber et avec Yannis et entre nous elle a eu du courage ! Lui et moi avons deux caractères forts, enfin surtout moi. Le pauvre je lui ai fait vivre un enfer, oui oui ça m'arrive de ne pas être cool et de ne pas sourire. J'étais épuisée, je courais partout (pour changer) pour pouvoir réussir à caler mes sessions d'entraînement. Je n'avais pas de force, j'avais mal avant même de commencer. Entre nous, je n'avais pas envie et aucune confiance. Je ne croyais pas du tout au BTC (#Bloquetoncerveau). Et au final, ça a marché tout est dans la tête **QUAND TU VEUX TU PEUX MÊME SI TON CORPS TE LÂCHE**.

Quant à mon papa, sa présence à mes côtés m'a beaucoup émue. Il m'a soutenue, encouragée, me répétant que tout était possible et que j'allais « tout déchirer », sans oublier de me photographier. Même si je râle au moment de la prise de vue, je suis toujours ravie de récupérer ses clichés. Ces souvenirs, c'est un bonheur.

L'an dernier, le 27 octobre 2020, j'ai fait quelque chose d'aussi magique pour moi, bien que moins sportif – quoique : je suis partie pour Disneyland. Une autre façon de transformer cette journée triste en joli souvenir.

Une journée retour en enfance, en compagnie de mon nouveau petit ami, Clark, son fils et mon petit-cousin. Comme à chaque début d'histoire amoureuse, les émotions sont décuplées. Le fait d'aller dans cet endroit de rêve ce jour-là avec lui avait beaucoup d'importance pour moi.

Pour marquer le 27 octobre 2021, j'ai envie de tenter un nouveau challenge sportif. J'ignore encore lequel mais je suis sûre qu'il se passera encore une fois quelque chose de magique. Perdre ceux que j'aime est une de mes plus grandes peurs ; je sais désormais que cette faiblesse peut devenir ma plus grande force.

**JE N'AI JAMAIS AUTANT BOXÉ MA VIE
QUE DEPUIS QUE TU ES PARTIE.
JE TE DOIS BIEN CA.
JE T'AIME, MAMIE.**

PARIS FIGHT TEAM

DADA
X

19555

FORUM
DES HALLES

PLANETE
ENFANTS &
DEVELOPPEMENT
Good
KELLY BESSIS
X
PLANÈTE
ENFANTS &
DÉVELOPPEMENT

Ce qui ne te tue pas te rend plus forte !

Le monde du travail est une jungle, avec des animaux sauvages qui se battent pour faire leur place au soleil ! Le milieu des réseaux sociaux, notamment Instragram, que je connais le mieux, ne déroge pas à cette règle. Peut-être encore plus qu'ailleurs, il faut apprendre à se protéger tout en travaillant en équipe, donc savoir donner mais pas trop. Je l'ai appris à mes dépens. Car même si je souris vingt-quatre heures sur vingt-quatre, ça ne veut pas dire que tout est rose. Loin de là.

Ma vie, la vraie, ressemble à tout sauf à un feed Instagram. Dans la vraie vie, il ne suffit pas de publier un joli contenu, d'ajuster les tons, l'éclairage, les contrastes ! Depuis que j'ai décidé de changer de vie, de sortir de ma zone de confort et de me lancer dans ma nouvelle voie professionnelle, je n'ai pas honte de dire que j'en ai bavé. Professionnellement, j'ai mis du temps à me faire une place dans ce milieu de requins. Personne ne m'a facilité la tâche, au contraire. Je me suis fait arnaquer, utiliser comme n'importe quelle débutante. Mais j'ai toujours su me relever et en tirer une leçon.

LA VIE EST UN RING. TANT QUE TU N'ES PAS KO, LA PARTIE N'EST PAS TERMINÉE.

Je dis un grand oui à la résilience ! Je ne suis jamais aussi productive que quand je suis au plus bas. Et j'essaie de rester toujours positive, car je pense que, malgré toutes nos galères, nous sommes extrêmement chanceux d'être en vie et en bonne santé dans un pays en paix, d'avoir cette possibilité d'apprendre, de se cultiver tous les jours. Même si c'est difficile, blessant, ne regrettez jamais d'avoir accordé votre confiance ou de travailler comme un(e) malade. Tout se paie, on apprend toujours de tes expériences.

Donc parlons peu, mais parlons bien : oui, je me suis bien fait avoir. Mais quoi que je pense de ceux qui m'ont mis plus bas que terre, namasté. D'une certaine façon, je leur dois de m'avoir mis le pied à l'étrier, et je leur dis merci tous les jours pour l'expérience acquise. Un poignard dans le dos peut aider à se lancer.

Dada la coloc' ou l'appartement avec mon amie Maïa était un trop gros projet, trop d'investissement, trop de responsabilités. J'ai donc considéré depuis le début de l'aventure que c'était *notre* projet, une co-création. Mais, au fond, je me sentais seule, comme chaque fois que je me plonge à 200 % dans un projet. J'étais encore dans une bulle. Et après le premier coup bas professionnel, le deuxième – moins violent car plus respectueux mais qui m'a beaucoup plus touchée car j'aime réellement la personne qui me l'a fait – est arrivé.

Dada nous a demandé énormément de travail, et malheureusement, avec le recul, je pense que ce n'était pas si sain que ça de travailler autant, puisque, après deux mois de travail acharné et à un mois de l'ouverture, Maïa a décidé d'abandonner et de me laisser complètement seule avec Dada à un mois et demi de l'ouverture avec un loyer hors de prix des travaux lancés, une deadline à respecter car on avait déjà envoyé le communiqué de presse et une campagne de crownfounding à gérer. Les calculs n'était pas bon Kevin-Kelly, il fallait tout abandonner....

Au début, je lui en ai beaucoup voulu de me planter là et on s'est fâchées. Je n'ai pas compris comment elle pouvait me faire ça à moi, comment moi, son amie, elle pouvait me laisser seule sous prétexte qu'elle n'aimait pas la pression ni les deadlines.

Aujourd'hui, elle aussi, je la remercie. Merci Maïa pour ta sagesse ! Elle nous a sauvées et m'a donné la force de m'en sortir, la détermination de ne pas abandonner, de ne pas lâcher et de donner une chance au projet Dada. Je sais que Maïa avait raison sur certains points : j'étais dans l'excès, je me noyais dans le trop-plein de travail pour oublier, pour combler un manque. Mais j'étais déterminée à réussir pour lui prouver qu'on tenait une bonne idée, un projet en béton et surtout pour me prouver qu'avec du travail tout est possible.

Aujourd'hui, Maïa et moi nous sommes retrouvées et notre expérience professionnelle a renforcé notre amitié. On a accepté nos erreurs communes, on s'est pardonné. On s'est même lancées sur un nouveau projet ensemble ! Fortes de nos expériences, cette fois nous nous sommes fait accompagner d'experts, nous avons déterminé à l'avance les missions de chacune et, franchement, je croise les doigts mais pour le moment c'est la folie, on « bouffe le monde »

Je me souviens de la première fois que j'ai rencontré Kelly, j'ai tout de suite pensé « mais quel rayon de soleil ». J'organisais à l'époque des événements sportifs sur un rooftop et on nous avait présentées pour en imaginer un autour de la boxe. Je crois qu'on pourrait parler de coup de cœur amical ! **Kelly c'est le feu, l'énergie solaire, l'action** tandis que je suis plus réflexion et force tranquille. On a pu beaucoup s'apporter au fil du temps. Elle m'a apporté la force de l'action et je lui ai apporté la prise de hauteur.

Après plusieurs événements réussis, on s'est lancées dans la folle aventure d'ouvrir un lieu de vie. Si le cours de la vie a séparé nos chemins après le lancement du projet, les retrouvailles n'en ont pas été moins fortes !

Deux ans plus tard, alors que je débutais une nouvelle activité dans un lieu culturel, nous avons recommencé à tâter l'adrénaline de l'événementiel toutes les deux. Et je dois dire, non sans fierté, qu'on a pu observer une belle évolution de nous deux.

Si la folie et notre complicité étaient toujours là, j'ai découvert une Kelly mûrie, avec un beau lâcher-prise et une douceur de vivre que je lui connaissais peu. Quel bonheur de se retrouver ! Un an et demi plus tard, on a très envie de se relancer dans une nouvelle aventure toutes les deux. Avec plus de maturité, et plus de communication.

À l'heure où j'écris, nous avons lancé il y a tout juste une semaine un nouveau plan d'entraînement : Kelly assure la partie sportive et je m'occupe de la partie commercialisation.

Ces dernières années d'amitié, ces semaines de travail acharné et le résultat qui est déjà largement au rendez-vous nous confirment qu'on a une belle route devant nous, tant sur le plan relationnel que sur le plan professionnel.

Je ne lui dis pas souvent, mais je suis sincèrement heureuse de l'avoir retrouvée, Kelly est une fille en or, profondément gentille et pleine d'énergie et je suis reconnaissante à la vie d'avoir fait se croiser nos routes.

À notre amitié.

Maïa

24

La cerise sur le gâteau

Avec le confinement de mars 2020, je n'ai pas eu d'autre choix que de rendre mon appartement Dada la coloc'. Ce fut une des plus grosses décisions de ma vie et des plus difficiles : devoir tout abandonner à cause d'une crise sanitaire, c'est très dur mais Covid oblige, en mai dernier, j'ai fermé les portes de Dada.

Très vite, je me suis remobilisée. J'avais le sentiment de démarrer une nouvelle étape de ma vie, de bénéficier d'un nouveau départ. Après la pression qu'avait engendrée la mise en route de Dada, j'avais envie de nouveauté, de légèreté. J'avais aussi envie d'une vie sociale, et pourquoi pas d'une vie amoureuse.

En plein confinement, alors que je venais de décider de fermer Dada, j'avais posté une story sur Instagram comme un appel au secours : j'avais besoin de travailler, donc si quelqu'un avait besoin de moi pour monter un projet, j'étais partante.

Et la magie d'Instagram a opéré.

Deux jours plus tard, j'ai reçu un mail de la cofondatrice d'un groupe de sport. Il allait droit au but. Bizarrement, ce message a excité ma curiosité : il semblait si loin de ce que j'étais que je me suis immédiatement dit que notre association pourrait fonctionner et faire des étincelles.

À ce moment-là, je recherchais la stabilité, la simplicité. J'étais fatiguée, comme nous, tous par le confinement, j'étais triste et déçue de la fermeture de Dada, et je voulais arrêter de courir et me poser un peu. J'ai donc saisi l'opportunité qui se présentait à moi.

Au début, mon interlocutrice et moi avons échangé sur le concept qu'elle avait envie de développer. Il s'agissait d'une plateforme de cours en ligne pour faire face au confinement. Elle en était aux prémices du développement de son idée, elle avait repéré sur Instagram les profils des coachs qui avaient une image « good sport, great live » et lui semblaient convenir, et commençait à peine à les contacter.

Elle m'a proposé d'intervenir en tant que coach et de mettre en avant mes deux concepts phares : la Funboxe et la Hitboxe. Mais, après plusieurs échanges, on a compris toutes les deux qu'on pouvait faire beaucoup plus ensemble. Je lui ai proposé de gérer tous les développements de ce groupe de sport. Et d'un contrat de coach autoentrepreneur, je suis passée à un CDI.

Pour moi, travailler dans le sport, monter un projet tout en ayant un contrat était parfait. Je ne pouvais pas trouver mieux. Je me suis dit que la loi de l'attraction fonctionnait vraiment : quand tu penses positif, que tu te mets en condition, les choses arrivent. Pour l'anecdote, le jour où j'ai été contactée, je venais de terminer mon CV et j'étais à deux doigts de me mettre sur les plateformes de recherche d'emploi en ligne...

Ensuite, tout s'est enchaîné. Je n'avais même pas eu le temps de m'habituer à la disparition de Dada que j'étais déjà à 200 % sur ce nouveau projet et, comme toujours j'ai fait comme si c'était le mien : j'ai recruté mon équipe de coachs, j'ai amené tous mes amis, j'ai placé toutes les marques partenaires avec lesquelles j'avais l'habitude de travailler depuis cinq ans. J'ai même réussi à faire embaucher en alternance Zoé, la pépite avec qui je travaillais depuis presque trois ans, ma stagiaire, mon amie et ma troisième sœur de cœur. Une jeune fille que j'ai formée, prise sous mon aile, à qui j'espère avoir appris beaucoup de choses.

Mon propre contrat me conférait le statut de cadre. Mais comme je ne l'avais pas lu - rien ne m'angoissait plus que de lire un contrat... –, je n'ai pas vu que j'avais six mois de période d'essai. Petit aparté : je ne saurais trop vous conseiller de vérifier tous vos contrats accompagné d'un spécialiste qui saura lire entre les lignes, même les plus petites. Car au début, tout est magnifique, très bienveillant, on se donne à fond et on ne pense pas au pire ; or, il faut toujours s'y préparer.

J'ai donc encore une fois donné sans compter pour, encore une fois, me faire gentiment virer la veille de la fin de ma période d'essai.

Cette fois, on m'a expliqué que j'avais tellement bien travaillé, que finalement, on n'avait plus besoin de moi, d'autant que je coûtais beaucoup trop cher à la boîte.

Certes, j'avais un beau salaire, mais je n'ai jamais compté mes heures. Je suis même tombée enceinte et ne m'en suis rendu compte qu'au bout de huit semaines tellement que j'étais obnubilée par mon travail, par la réussite du lancement du projet.

L'histoire se répète, vous ne trouvez pas? Là encore, je ne regrette rien… En fait si, j'ai de la rancœur, car j'ai perdu des amis dans cette histoire. Mais étaient-ce vraiment des amis? J'ai proposé à de nombreuses personnes de mon entourage de rejoindre cette aventure, en leur procurant un super contrat, un super salaire et une super belle image. Du jour au lendemain, je suis devenue leur meilleure amie, la meilleure personne sur Terre et j'ai été invitée à toutes les soirées. Je me suis rendu compte de qui étaient mes vrais amis, ceux qui s'intéressaient à moi non pas pour ce que je pouvais leur apporter mais pour moi et uniquement moi. Ceux et celles qui crient sur les toits que vous êtes la meilleure des amies, ce qu'ils ont de plus précieux, qui postent, qui partagent, qui en font des caisses en taggant des « ma chérie », « ma vie », « ma bombe » sont ceux qui disparaissent dès que le vent tourne et que tu as besoin d'eux.

Cette expérience m'a donc permis de faire un grand tri parmi mes connaissances et de me débarrasser des personnes toxiques. Et je les remercie pour ça. Au final, ce furent six mois durant lesquels je me suis éclatée. J'ai énormément appris: la rigueur, les process, les contrats, le back-office d'une grande et belle société. Certes, je suis déçue; je pensais avoir réussi à installer une relation solide et honnête. J'aurais même trouvé des solutions pour aménager ma sortie. Mais la façon dont on m'a signifié mon licenciement restera à jamais gravée dans ma mémoire. Une réunion team était prévue par Skype ce jour-là. À la manière dont on m'a saluée, j'ai compris que le ton avait changé et que quelque chose se tramait. J'ai pensé à un aménagement de mon contrat, de mes affectations, mais jamais à un licenciement pur et simple. Le choc a été si violent qu'après notre réunion j'ai eu une crise d'angoisse et j'ai atterri à l'hôpital pour un burn-out avec la mâchoire bloquée. Ce burn-out et l'arrêt d'un mois qui a suivi m'ont été bénéfiques car j'ai compris que je n'étais pas une machine et qu'il fallait que je me protège. Depuis, j'ai accepté de me faire accompagner. Les trois piliers qui gèrent ma vie aujourd'hui sont :

- S'ÉCOUTER (ÉCOUTER SON INSTINCT) ;

- APPRENDRE (TOUS LES JOURS) ;

- NE PAS SE MENTIR (NI SE VOILER LA FACE).

Comme chaque fois qu'on me met plus bas que terre, **j'ai su me relever plus forte encore qu'avant**. Un an après, je suis très contente d'avoir vécu cette expérience et je suis extrêmement fière de mon travail. Ce fut une belle aventure et aujourd'hui j'essaie de ne retenir que les beaux souvenirs. Ce qui ne me tue pas me rend plus forte. Je les remercie de m'avoir fait prendre conscience de mon savoir, de mes capacités et de la force de mon concept Hitboxe.

25

Lâcher prise

Que de chemin parcouru, d'obstacles franchis ces quatre dernières années. Comme le dirait Véronique (ma psy, ma troisième maman), « Tu as mis le temps mais tu y es enfin ». Les montagnes russes! Ma vie n'a pas été un long fleuve tranquille, loin de là.

La Kelly que je suis aujourd'hui a des envies complètement différentes. **JE RÊVE DE BOXER MA VIE ENCORE ET TOUJOURS, CAR C'EST CE QUI M'ANIME ET C'EST CE QUI ME DONNE LA FORCE DE VIVRE.** Mais je veux surtout vivre le moment présent, ne pas réfléchir, arrêter de me poser mille questions à la seconde. J'ai la chance d'être en vie. Porter un pacemaker est loin d'être anodin, et ces quatre dernières années m'ont appris à faire avec mes faiblesses et mes failles, avec cette pile dans le cœur. Mais sans cette pile, sans les sacrifices qu'elle m'a imposés, je n'aurais pas autant vécu, autant vibré, autant pleuré, autant appris sur moi et sur la vie.

En quatre ans, je n'ai pas cessé d'évoluer, de changer, de m'apaiser. Ce sont les mêmes valeurs qui me portent, la même envie de vivre, mais ce que je veux vraiment en priorité désormais, c'est le bonheur, la simplicité et la douceur. **JE SUIS ENFIN ARRIVÉE À LÂCHER PRISE ET À ACCEPTER QUE JE NE POUVAIS PAS TOUT CONTRÔLER, QUE JE N'AVAIS PAS TOUTES LES RÉPONSES, QUE LA VIE N'ÉTAIT PAS UN MARATHON OU UNE COMPÉTITION.** J'ai compris qui étaient les personnes qui m'aimaient vraiment, pas pour mon job, pas pour mon salaire, pas pour mon compte Instagram, mais pour qui j'étais réellement.

Je me suis même autorisée à ne rien faire ! À partir en vacances, à décompresser, à juste profiter de la vie, à prendre du temps pour moi et pour mes proches. Ça ne m'arrive pas souvent, car je me sens mal quand je ne travaille pas. Pourtant, je vous assure que ça ne vaut la peine : écoutez-vous, acceptez les signes, mettez-vous sur off le temps de comprendre ce qui se passe et d'avancer plus sereinement.

LE REPOS EST RÉPARATEUR ET SOIGNE BEAUCOUP DE MAUX.

Kelly, c'est la fille que tu croises depuis des années en soirée ou sur des events. Toujours souriante et fraîche, j'étais admirative de ce petit bout de femme plein d'énergie!

Nos chemins se sont de nouveaux croisés fin 2020. Une vraie révélation. Kelly a 1000 idées à la journée, nourries par 10 000 rêves et autant d'angoisses, je crois!

Kelly, c'est la fille qui pense, qui rêve et surtout qui fait ! Admirative de tout ce qu'elle souhaitait entreprendre, je lui ai lancé un défi 15 jours (pas un de plus) pour créer et lancer le plan d'entraînement « Boxe ta vie ». Une période de fête intense mais avec détermination nous avons atteint notre objectif, le plan d'entraînement est sorti.

Kelly ne lâche jamais rien, aussi exigeante avec elle-même qu'elle peut être compréhensive avec ses collaborateurs, il ne se passe pas une journée sans qu'elle se remette en question et doute d'elle-même. Ça ne l'empêche pas d'avancer et je pense que c'est là qu'est sa force.

Depuis notre collaboration, elle est ma coach sportive et tellement plus... Son courage et son énergie me nourrissent et m'inspirent. Parce que oui, il y a quand même un truc que la jolie Kelly oublie toujours de préciser : elle porte un pacemaker. Donc si on résume, elle est belle, bien dans sa peau, toujours pleine d'énergie et souriante et pourtant sur le papier... son cœur marche avec un boîtier et elle est « censée » ne pas faire trop d'effort physique... pour une coach sportive c'est original et révélateur!

Notre histoire est loin d'être finie, ce n'est que le début, que ce soit pour des projets professionnels, sportifs ou personnels...

On devrait tous avoir une Kelly dans notre vie !

26

Vaincre sa peur d’entreprendre

La peur ne m'a jamais empêchée de me lancer dans un projet professionnel. En revanche, je me suis souvent mis beaucoup de barrières, j'ai un côté brouillon qui m'a parfois desservie, je n'ai jamais assumé entièrement que je pouvais avoir du succès par moi-même, sans travailler pour quelqu'un d'autre.

Entreprendre peut faire peur : peur de ne pas y arriver, de ne pas en être capable, de l'inconnu, de se mettre en danger. Pire : on peut avoir peur de réussir ce que l'on veut vraiment, peur d'atteindre le rêve que l'on s'était fixé, car une fois qu'on l'a, qu'y a-t-il ensuite ? De la satisfaction ? Du vide ?

Pendant le confinement, je n'ai pas eu d'autre choix que de m'adapter et de vous présenter la Hiitboxe. À ma grande surprise, elle a cartonné. J'ai eu la chance de travailler avec des marques partenaires, de présenter la Hitboxe dans de très beaux médias tels que *Cosmopolitan*, *Vogue*, Les éclaireuses… Et puis, après plusieurs sondages Instagram, je me suis enfin décidée à vous proposer le tout premier plan d'entraînement de boxe. Un gros challenge ! J'ai beaucoup hésité avant de me lancer ; je n'étais pas prête à me reprendre une claque, je me sentais fragile même si j'allais mieux, je commençais à accepter d'être de nouveau réellement en couple, j'avais déménagé – oui, je suis le genre de femme à déménager en fonction de sa situation professionnelle ou personnelle comme certaines changent de coupes de cheveux après une rupture, #toujoursdanslexcès : quand je veux du changement, je change tout : travail et appartement !

Ce plan était un nouveau challenge mais marquait surtout pour moi une nouvelle façon de travailler: prendre enfin conscience de mon potentiel, ne pas avoir peur de la réussite et me faire accompagner d'experts pour me protéger. Je me suis donc enfermée avec mon chien, Marley, pour réfléchir, créer mon propre business plan et construire mon équipe. En s'entourant des bonnes personnes, en s'armant de patience et en travaillant beaucoup, tout est possible !

SI TU LE VEUX, TU LE PEUX.

Prends confiance en toi, va jusqu'au bout des choses. Crois en toi et lance-toi. Au pire, si ça ne se passe pas comme prévu, tu auras vécu une superbe expérience, tu auras appris sur toi, sur les autres. **N'oublie jamais : tu ne perds pas, tu apprends !**

ATTENDS-MOI LE MONDE

J'ARRIVE, J'ARRIVE, J'ARRIVE

JE RÉVEILLAIS L'ESPOIR

J'ARRIVE, J'ARRIVE, J'ARRIVE

JE CHERCHAIS EN QUI CROIRE

J'ARRIVE, J'ARRIVE[6].

6. Ben Mazué, « J'arrive », *La Femme idéale*, 2017

27

Kelly Bessis SA, la confiance retrouvée

En 2021, j'ai sauté le pas et fondé ma société, la société Kelly Bessis. Qu'est-ce que la société Kelly Bessis ? C'est une structure qui crée des contenus mis à la disposition des participants pour boxer leur vie, c'est-à-dire des plans d'entraînement, des vidéos, des week-ends sportifs et bien-être, mais aussi des sweats, du matériel de sport, des articles…

J'ai beau l'écrire, je ne réalise toujours pas ! Mais j'ai eu la chance de rencontrer les bonnes personnes et surtout la sagesse de me faire accompagner pour viser la lune : cabinet de conseil, avocat, expert-comptable, juriste, bref la totale pour protéger mes arrières et cesser de me faire avoir. Les campagnes publicitaires sans être rémunérée, attendre un an avant d'être payée, découvrir une vidéo de moi en plein magasin alors que je ne travaille plus avec la marque depuis plus de deux ans et je n'ai jamais signé de droit d'exploitation, terminé ! Personne n'utilisera plus mon image sans contrat préalable. Comme j'ai su m'entourer de professionnels compétents, je n'ai plus qu'à me concentrer sur ce que j'aime vraiment, ce que je sais faire et ce pour quoi vous me suivez si nombreux : boxer la vie.

Mais le plus difficile a été de trouver la confiance suffisante et de me convaincre que j'étais capable d'innover chaque jour. Aujourd'hui, les coachs de fitness sont tous meilleurs les uns que les autres, le niveau est très élevé. Alors, chacun essaie de faire son trou en développant une particularité, une spécialité. L'innovation est primordiale; dans le milieu du fitness. Saurai-je me renouveler pour m'imposer et résister ? Toutes ces questions que l'on se pose : est-ce que mon cours n'est pas trop simple ? est-ce que mes mouvements sont bien faits ? ai-je la bonne position ? est-ce que je ne crie pas trop fort ? est-ce que mes musiques ne sont pas trop ringardes ? Difficile de ne pas se comparer, de ne pas se décourager, de ne pas douter de sa légitimité. Il m'a fallu cinq ans de réflexion avant d'être sûre, pour prendre en maturité, pour assumer celle que j'étais devenue, pour analyser mes nouvelles envies et la nouvelle direction que prenait ma vie.

Être coach est un vrai travail. Il ne suffit pas de faire 50 squats, 50 burpees et ça y est ta séance est réglée. Ça ne fonctionne pas sur la durée. Il n'y a pas de secret, il faut être pro, travailler et avoir du temps pour s'entraîner et découvrir les nouvelles tendances, les nouveaux mouvements. Il faut gérer sa communication d'une main de maître, alimenter les réseaux sociaux, créer des programmes d'entraînement, être à l'aise face à la caméra, faire attention à sa santé et à son physique, soigner son alimentation, être présentable, donner envie pour motiver et toujours avoir le sourire… Est-ce que je fais tout ça ? je n'en suis pas certaine mais J'ESSAIE, je m'accroche et me motive pour suivre la cadence, me réinventer et toujours rester MOI-MÊME. Je ne pense pas être la coach la plus originale ni avoir les mouvements les plus fous de la planète mais je pense avoir trouvé mon dada à moi, mon concept, ma box a moi. Ma boxe est accessible, spontanée peut-être même trop. Désorganisée ? oui. Speed ? Oui. Drôle ? Apparemment. Sévère ? *Never.* Déterminée, oui ! Je ne lâche pas, ni personne. Passionnée ? à 200 %. Quand tu es coach ET entrepreneur, tu dois tout faire tout seul et tu n'as jamais le temps. Ceci est mon plus gros défaut. Je suis toujours en retard, je cours toujours partout. Qu'est-ce que ce sera quand je serais coach, entrepreneur et maman, je n'ose même pas y penser. Big up aux moms, aux coach, aux coach mamans et à toutes les femmes entrepreneuses.

L'écriture de ce livre m'a énormément aidée. J'ai compris tant de choses… Ce livre, ce n'est pas juste des dizaines de pages où je vous raconte ma vie, c'est cinq ans de réflexion, cinq ans de questions, cinq ans de doutes. Et cinq ans de contrôle de mon image sur les réseaux sociaux, qui a laissé des traces : cette image de Bridget Jones à la française larguée à deux mois de son mariage mais qui garde toujours le sourire, déterminée à boxer sa vie, c'est un peu moi, au sens où je ne me laisse pas abattre. Mais ce n'est pas toute ma vie. Donner l'image de cette jeune femme qui ne baisse jamais les bras m'a demandé tant de travail que je me suis perdue. Mon travail était ma protection, ma réussite était ma force. Après mon burn-out et durant mon repos forcé, j'ai compris que je n'étais pas heureuse, que je n'avais jamais pris le temps de souffler, de digérer, de comprendre. J'ai traversé ces quatre années comme un bulldozer qui renverse tout sur son passage. Je ne regrette rien, mais je suis soulagée d'avoir compris ce que ça signifie d'être heureuse et d'y croire encore.

Il m'a fallu du temps pour redonner ma confiance : en amour, en amitié et même professionnellement. J'ai été si souvent déçue. **Mais je vous jure que si vous réussissez à lâcher prise, la vie sera plus simple, plus douce et plus sereine. Faites-moi confiance !**

28

Marley et la food

Parlons peu parlons bien. Avez-vous un Marley dans votre vie ? Selon moi, c'est le meilleur atout antidéprime ! Avec lui tu n'as pas le choix que d'aller bien et sortir de ta coquille. Si tu veux t'enfermer trois jours chez toi pour pleurer et manger des glaces, avec lui, c'est *no way*. Il va aboyer jusqu'à épuisement pour voir le soleil au moins deux fois par jour ! Marley est plus qu'un chien, il est devenu une mascotte, la mascotte de Dada! Mon médicament, mon antistress, l'amour de ma vie ! J'ai acheté mon chien à mon retour de Thaïlande. Il est « mon fils, ma bataille », mon meilleur pote », mon confident, mon psy!

Marley m'aime profondément. Il me regarde tous les jours avec le même amour, la même passion. Il me protège, partage mes Deliveroo, me soutient lorsque je cours – eh oui, je suis ce genre de fille qui fait son footing avec son chien (et qui parle à son chien). Il fait partie de la famille. Allié fidèle durant cinq ans, il m'oblige cependant à une organisation méticuleuse: je n'accepte un week-end à la dernière minute que si je trouve un dogsitter pour Marley. Il donne aussi son avis sur mes copains: je vois tout de suite s'il valide ou s'il le déteste – dans ce cas, il devient exécrable et ingérable. Il me permet également de me faire mon propre avis: si le nouveau venu aime mon chien, s'en occupe aussi bien que moi, c'est autant de points gagnés!

J'ai parfois la sensation d'avoir un bébé... Mesdames, avez-vous peur de la maternité? Moi, je suis tétanisée à l'idée d'être enceinte. J'en ai envie, oui, vraiment envie, et je me sens prête, mais j'ai tellement peur de ne pas y arriver, peur des complications, peur de ne pas être une bonne maman, peur de la grossesse, peur de l'accouchement… J'ai beau boxer ma vie, je reste traumatisée à l'idée de devenir maman.

Pourtant, je ne rêve que de construire ma famille, trouver mon partenaire de vie, celui à qui je pourrais faire confiance, celui avec qui je n'aurais pas peur d'être enceinte, celui avec qui je n'aurais plus peur de rien. Connaissez-vous le véritable amour ? L'avez-vous trouvé ? Existe-t-il vraiment ? Comment retomber amoureuse ? Comment faire de nouveau confiance ? Comment baisser la garde ?

Mon autre allié face à l'entrepreneuriat et la food. Marley & la food, mon duo de choc. La nourriture est une vraie passion. J'aime boire, et plus encore manger, autant sucré que salé. J'aime recevoir, installer une belle table, donner envie, surprendre avec mes recettes. Je ne suis pas une excellente cuisinière, loin de là. J'ai beaucoup de mal avec la cuisson, le respect des quantités – j'ai toujours les yeux plus gros que le ventre, peur qu'il n'y ait pas assez, qu'on manque de quelque chose –, mais au final c'est toujours copieux et gourmand. Manger, selon moi, c'est la vie. C'est surtout mon éducation. Dans ma famille, ça fait partie de nos valeurs. Chez ma Maman le frigo ne sera jamais vide, chez ma grand-mère encore moins et chez ma tante Brigitte je ne vous en parle même pas ! La nourriture chez nous c'est sacré ; ça nous unit, nous donne des forces, nous rend heureux. On aime les choses simples, on est gourmandes, on est vivantes ! On a toute un poids qui varie en fonction de notre état.

Ce qui fait que je suis incapable de suivre un régime. Vous comprenez pourquoi j'ai du mal à donner des conseils healthy ! La nourriture est un exutoire moins fatigant et plus réconfortant que la boxe. Quand je me sens fatiguée, quand j'ai mal partout mais que j'ai besoin d'énergie, de force, de sucre, je cède et je mange.

Il m'arrive même de faire des crises de boulimie : en l'espace de dix minutes, je vide ma maison de tout ce qui est comestible. **JE MANGE MES ÉMOTIONS**. Est-ce que c'est bien ? Non. Est-ce que c'est grave ? Non, c'est ok, je suis ok avec ça ! Ne vous privez pas. Plus vous vous privez, plus vous grossissez car vous générez de la frustration donc de la compensation ! #DocKelly. Si vous avez vraiment envie de perdre. du poids, il n'y a pas de secret. Un rééquilibrage alimentaire est possible mais allez-y doucement et surtout ne vous jugez pas. Changez les habitudes alimentaires est la clé.

Notre estomac c'est notre deuxième cerveau. Si tu es en guerre avec ton alimentation et ton corps, laisse-moi t'inviter à prendre soin de toi ! Tu es merveilleuse et tu mérites de faire la paix avec toi-même. Tout est une question d'équilibre. Connaissez-vous mon #BoxerPlusPourMangerPlus.

Les gens qui me connaissent se demandent toujours comment il est possible de manger autant et de ne pas grossir. Je fais énormément de sport, je dors peu et je suis extrêmement nerveuse. Mais surtout, je m'en contrefous !

Je sais que la grande tendance du moment est d'être bien dans sa peau quelle que soit sa morphologie, le body positive, le féminisme. Mais, pour moi, le poids n'est pas anodin ; on a toutes le droit d'avoir des complexes, cela ne fait pas de nous une femme complexée ou moins féministe pour autant !

J'aime les femmes. J'aime la beauté des femmes, j'adore les rondeurs. Mais je suis la première à être complexée par mes bras, par ma cellulite. Je ne vais pas pour autant cesser de vivre ni de manger du chocolat, des pâtes ou de boire des cocktails. Il faut faire des choix dans la vie. Le mien a été de vivre et de m'épanouir avec le sport, de privilégier la vie et la boxe sur la privation.

Quels que soient tes complexes, ce n'est pas grave et tu as le droit. Si tu as vraiment un gros complexe qui te rend malheureuse, trouve des solutions. **DIS-TOI QUE TON CORPS EST TON AMI ET JAMAIS TON ENNEMI !**

Ainsi, si tu choisis de pratiquer un sport, fais-le pour de bonnes raisons, parce que ça te fait du bien, parce que tu en es fière, mais jamais pour punir votre corps de ne pas être suffisamment ceci ou trop cela. Nous sommes bien trop exigeants envers nous-mêmes et nous oublions que le sport est là pour nous aider à nous sentir bien. Grâce à la boxe, j'ai appris à m'aimer, à me trouver belle, à relativiser. Je n'ai jamais autant accepté mes défauts que depuis que je suis sportive. Je ne suis pas la plus belle, pas la plus mince, pas la plus fit, mais je suis moi et ça me va. Je suis bien dans mon corps et dans mon esprit.

AKAI
MAX49

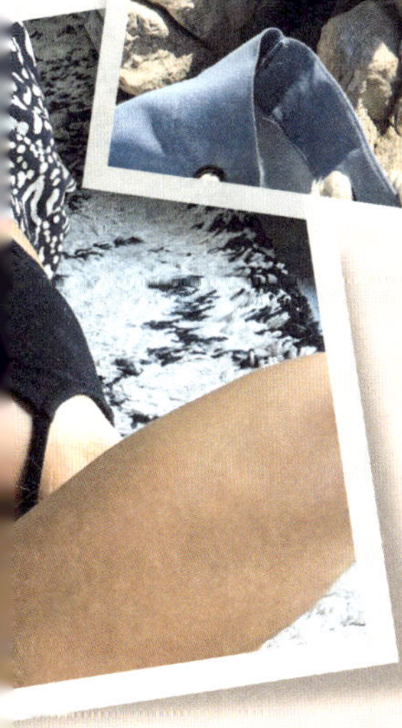

29

Les bonheurs simples

« Et l'amour, dans tout ça ? », comme me dirait ma mère ou vous qui me suivez sur Insta. C'est vrai, je n'en parle pas beaucoup. Mais, en toute franchise, ces quatre dernières années, je me suis surtout amusée. Après Ben, j'ai eu le sentiment d'être réellement cassée, je n'avais plus envie de faire confiance, seulement de me protéger. À mon tour de m'amuser un peu.

Donc oui, je me suis inscrite sur toutes les applications de rencontres possibles et imaginables, de Bumble à Tinder. J'ai même été ambassadrice Bumble un moment ! Et franchement, même si ça fait du bien, ça ne remplacera jamais une vraie relation. Durant ces quatre dernières années, je n'avais envie que de légèreté ; rien d'officiel ou de conventionnel, encore moins d'engagement.

Alors, Maman, voilà où j'en suis sentimentalement parlant. Je voulais juste m'amuser, apprendre, vivre des expériences.

Je suis fière de moi car j'ai tenté pas mal d'expériences en quatre ans. Je me suis libérée du jugement, du regard des autres, et j'ai compris que j'avais le droit de faire ce que je voulais avec qui je voulais. Que j'avais le droit d'être coquine ou non, d'aimer la sexualité ou non, de ressentir le besoin de vivre des expériences hors norme ou de préférer une histoire tranquille. Notre sexualité nous appartient, ne nous fermons aucune porte tant que nous nous respectons et que nous nous faisons du bien.

Personnellement, j'ai testé toutes sortes d'expériences sexuelles. Je me suis lâchée, avec des amis ou des inconnus. J'ai assouvi certains de mes fantasmes, comme faire l'amour avec une célébrité, jouer à des jeux inspirés de *Cinquante Nuances de Grey*. Et même un plan à trois, avec une amie et son copain…

Aujourd'hui, je suis en couple, et même si je suis très détendue, voire trop, au sujet de la sexualité, je me suis rendu compte que j'étais incapable de partager mon homme. Impossible de le voir avec une autre femme, de le voir faire l'amour devant moi, l'embrasser, être excité. Quitte à mettre un peu de folie dans notre couple, je préfère relancer notre vie sexuelle par des jeux et des découvertes à deux que la tromperie ou d'accepter l'idée d'un couple libre, où chacun peut vivre ses expériences de son côté, que de vivre une expérience sexuelle à trois et de le voir prendre du plaisir avec une autre que moi.

Je n'ai pas connu que des déceptions bien au contraire. La vie est faite de rencontres, de choix, etc. Tout passe dans ta tête, si tu as le déclic et que tu es prête, cela viendra naturellement. Je crois énormément à la loi de l'attraction et je pense surtout que rien n'est laissé au hasard. Le temps fait bien les choses, comme ont dit.

Si un jour on m'avait dit qu'après cinq ans de célibat j'aurais craqué sur ce genre de garçon, je ne l'aurais jamais cru.

Clark et moi appartenons à deux mondes différents. Mais il a su voir en moi très rapidement qui je suis vraiment, malgré mes faux-semblants. Il a réussi à me redonner confiance en moi, à me soutenir quand ça n'allait pas et il a accepté que nous prenions « notre temps ». Il ne m'a pas forcée, il nous a laissés du temps tout en s'installant dans mon quotidien. Parce qu'au-delà de notre histoire, c'est surtout une très belle personne.

Au début, je ne croyais pas du tout en notre relation, je refusais de me projeter et même d'y penser. C'était bon de le retrouver chaque fois, et il n'y avait que ça qui comptait.

J'ai rencontré Clark lors de la toute première soirée post-confinement organisée par ma copine Klem, de Kemer. Cela faisait pratiquement six mois qu'on ne s'était pas vues. J'avais passé un super premier confinement, car j'avais énormément de boulot, mais un confinement très frustrant car j'avais vécu trois mois chez une copine à Marseille dans une maison remplie de couples où j'étais la seule célibataire... Pour la première fois en quatre ans, je me suis sentie seule et j'ai eu de la peine. Pour la première fois, je me suis demandé : « Pourquoi suis-je seule ? Pourquoi moi ? »

Je venais de rentrer précipitamment à Paris après avoir été engagée par le groupe de sport, sans appartement, sans vêtements autres qu'une valise de vacances quand Klem m'a proposé de la rejoindre à une soirée en petit comité le lendemain soir, vendredi.

Je n'ai pas répondu – mes amis ne se vexent pas et savent qu'il faut me harceler – et elle m'a relancée par texto à 18 heures, à 19 heures, à 20 heures. J'étais dans la phase de recrutement et de validation des concepts, j'étais rincée après une journée de douze heures, sortir me semblait au-delà de mes forces.

Une fois posée chez Maïa, qui m'avait gentiment laissé son appartement en attendant que j'en trouve un, j'ai ouvert mon ordinateur pour travailler et c'est là que Klem m'a rappelée. En fond sonore, j'entendais la musique, l'ambiance... En cinq minutes, j'ai éteint mon ordinateur et foncé sous la douche. Je n'avais rien à me mettre, mais j'avais tellement envie de danser que j'ai décidé de tout miser sur mon mood « smile énergie positive ». À savoir: **SI TU TE METS EN CONDITION, RIEN NE PEUT T'EMPÊCHER DE PASSER UNE BONNE SOIRÉE**.

Une heure plus tard, me voilà chez Klem. Quel bonheur de la retrouver! Très vite, j'ai senti des regards sur moi; ça me gênait et ça me plaisait à la fois – ça fait toujours plaisir de se sentir désirée. Clark était là, avec son look de surfer, de fitness boy. On s'est regardés, on s'est cherchés, on a dansé, on a ri, et avant même de s'embrasser on parlait d'enfant et de jumeaux. Et, au milieu de la soirée, on a échangé un baiser comme si on avait 18 ans.

Entre les copines, le petit jeu de séduction qui s'était installé entre Clark et moi, les fous rires, la danse, en dix minutes il était déjà deux heures du matin. Tout le monde était sur le départ. Clark s'est approché de moi et m'a dit au revoir. Quoi? On ne va pas passer la nuit ensemble? C'est quoi, cette arnaque? Son attitude me déroutait: je n'aime ni jouer ni faire semblant. Il m'a demandé mon numéro de téléphone. Je lui ai répondu, avec le sourire: « On ne rentre pas ensemble? Je pensais qu'on devait faire des jumeaux... » On a ri ensemble et il a fini par me dire: « Tu n'es pas une fille d'un soir. T'inquiète, on a tout notre temps. » Dans ma tête, je me suis persuadée qu'il devait servir sa tirade à toutes les filles et que je devais l'oublier.

Une semaine est passée; j'avais repris mon rythme métro-boulot-dodo. Juste avant le week-end, Clark m'a envoyé un texto pour me proposer de prendre un verre. Les bars venaient à peine de réouvrir. J'ai accepté son invitation. Je suis arrivée au rendez-vous avec quarante-cinq minutes de retard involontaire, sans avoir eu le temps de repasser chez moi. Nous avons passé une soirée cool, fluide, naturelle. Inconsciemment, je lui ai entrouvert la porte, et il a su entrer.

Aujourd'hui, l'air de rien, ça va faire douze mois que nous sommes ensemble, ma plus longue relation depuis Ben. Clark m'a ouvert les yeux sur ce que j'aime réellement et sur ce que j'attends de la vie. Il a eu l'intelligence d'aller à mon rythme et de me prouver qu'être à deux pouvait être simple et serein. Je ne sais pas si c'est l'homme de ma vie, mais aujourd'hui je sais qu'il me fait du bien, qu'il m'aide à être en connexion avec moi-même, à casser peu à peu ma carapace et à être moi.

Il est resté malgré mes erreurs, mes doutes, mes provocations, mes peurs. Lui aussi est fragilisé, mais différemment.

Il est très pudique pour ce qui concerne ses émotions, très simple – voire trop – dans sa philosophie de vie, mais il est sain et vrai, tellement loin des relations toxiques et autres fakes que j'ai pu connaître.

On a vécu intensément depuis qu'on est ensemble: un confinement, une grossesse/avortement, une tonne de week-ends, des voyages ambiance mission impossible, à peine quelques disputes et l'amour à peu près partout !

Est-ce que j'ai peur ? Tout le temps.

Est-ce que je doute ? En permanence.

Est-ce que j'ai confiance ? De plus en plus.

Est-ce que je suis amoureuse ? Je ne sais pas.

Est-ce que je l'aime ? Je ne sais pas.

Est-ce que je suis heureuse ? Oui !

Est-ce que j'aime ce qu'on vit ? Oui !

Est-ce que je me sens prête à avoir un bébé avec lui ? Oui !

Je pense qu'il faut cesser de se mettre la pression, de vouloir à tout prix mettre un nom sur les sentiments. Si on se sent bien, essayons de nous poser le moins de questions possible, de prendre confiance.

CONCENTRONS-NOUS SUR NOS ÉMOTIONS ET VIVONS NOTRE VIE.

Merci à toi mon Clark, mon Rocky, mon Julio, d'être qui tu es. Merci de prendre soin de moi ! Je ne te promets pas la lune, je ne serais jamais parfaite. Mes vêtements ne seront jamais repassés, il y aura toujours des poils de Marley, mon poids variera toujours en fonction de mes crises de chocolat, je ne ferais jamais de régime, je serais toujours en retard (même si je ne fais pas exprès, hein ?), je ne serais jamais épilée parfaitement (j'ai prévenu : la cire pour séduire un homme? 1 fois mais pas 2), je ne serais jamais une excellente cuisinière même si j'essaie, je pense que je voudrais toujours nous tirer vers le haut, ça fait partie de moi, mais je te promets de faire tout ce qui est en mon pouvoir pour nous faire rire, jouer, danser, vivre, manger, vibrer, s'amuser, progresser et avancer. Et surtout, je te promets d'être ta partenaire, de former une équipe. Je ne sais pas où on va aller, je ne sais pas combien de temps cela va durer, mais on y va et je suis fière d'être dans ta team. Grâce à toi, je ne suis plus seule contre le reste du monde.

30

Cinq semaines au paradis : l'île de La Réunion

Pensez-vous que l'on a plusieurs vies ? Moi, je l'ignore, mais j'aimerais le croire. En tout cas, quand **ON FAIT DES CHOIX POUR S'OFFRIR UNE NOUVELLE VIE, ON SE CONDITIONNE POUR POUVOIR L'ACCEPTER**.

Après avoir lancé mon tout premier plan d'entraînement au début de l'année 2021, j'ai eu envie de soleil et de partir. J'avais peur du résultat, peur qu'il ne trouve pas son public, peur que mon travail ne vous plaise pas et j'avais envie d'être loin si cela devait arriver. Et, comme beaucoup d'entre nous, cela faisait un grand moment que je n'avais pas vu le soleil, et Dieu sait que je l'aime… J'avais envie de partir loin du stress parisien, de fuir la Covid, de danser, de chanter, de redécouvrir la vie. J'ai donc décidé de partir pour l'île de La Réunion retrouver mon William.

J'ai proposé à Clark de m'accompagner, ce qu'il a accepté sans réfléchir ! Il s'agissait tout de même de partir cinq semaines sans travail, sans projet, sans poser de mots sur notre relation. On a parié sur notre histoire : est-ce que ça peut matcher ? Est-ce que si on arrive à se supporter cinq semaines dans une villa avec d'autres personnes qu'on ne connaît pas, loin de chez nous et loin de nos habitudes, ça voudrait dire qu'on est prêt à tenter l'aventure de la vie à deux ?

C'est comme ça qu'à la fin de janvier 2021, après douze heures d'avion, nous avons atterri sur notre île paradisiaque pour cinq semaines d'aventure. Nous n'avons pas été déçus !

Cinq semaines d'émotions, de découvertes, de self-control, de passion, d'amour et d'amitiés, de rencontre.

Dès le tarmac, c'est le dépaysement total : 30 degrés de bon matin, des sourires sur tous les visages, les gens qui nous accueillent à bras ouverts… Quel choc par rapport à Paris ! On a récupéré la voiture et on a foncé direction la villa.

J'avais laissé William tout organiser ; or, nous n'avions pas du tout les mêmes attentes ni les mêmes envies. À notre arrivée, Wiwi était sur une autre planète : trois mois déjà qu'il était à La Réunion, il percevait le chômage partiel, il avait rencontré la fraîche, sublime, drôle, ultra sensible Mariette. Il était, comment vous dire… dans un autre monde. Il refusait d'être confronté à la réalité. C'était sa façon à lui de faire face à la Covid, de se protéger : s'enfermer dans une bulle de bien-être avec sa nouvelle petite copine, ses cours de danse. Il avait tout perdu à Paris et en l'espace de quatre mois avait tout reconstruit à La Réunion.

Clark et moi n'étions pas du tout dans cette situation. Nous avions notre vie à Paris et seulement besoin de soleil et de partir en vacances.

Je n'ai jamais été obsédée par l'argent, bien au contraire, je suis plutôt à dépenser sans compter. Depuis ce confinement, tout est différent : j'ai perdu pratiquement 70 % de mes rentrées d'argent, donc quand j'ai envie de me faire plaisir, c'est plus compliqué. Mais après tout, l'argent sert à être dépensé. Vivons, dépensons, partageons, offrons, profitons ! Pour ce séjour à La Réunion, j'ai décidé de me faire plaisir.

Nous nous sommes installés dans notre grande villa, avec ce cadre idyllique, sur cette île magnifique, et je n'avais qu'une seule envie : boxer nos vies ! J'étais remontée à bloc ; je voulais motiver tous mes copains à faire mon Warrior Hitboxe, pour leur prouver que ce n'était pas un programme « de fille » et qu'il pouvait les challenger.

Au programme de ces cinq semaines de folie, il y a eu des randonnées, du sport, avec trois séances par semaine de Hiitboxe, des dîners presque parfaits pour suivre mon programme, des fous rires, des disputes, des incompréhensions, des combats, des confidences, des jeux – on n'a jamais autant joué aux cartes !

Nous avons vécu plus d'un mois en colocation avec deux jeunes femmes de 20 et de 24 ans, et j'ai pris un sacré coup de vieux... Je me suis rendu compte à quel point, à cet âge, tout est tellement plus léger, plus futile, plus drôle, plus insouciant. Tu ris pour un rien, tu rougis pour un rien, tu aimes au premier regard. Tu n'as peur de rien.

Vivre en cohabitation m'a aussi permis de réfléchir sur moi. On a beau être amis, nous n'avons pas eu le même passé, pas la même éducation, pas les mêmes envies ni les mêmes attentes dans la vie. Pour autant, nous avons été capables de vivre ensemble, de nous aimer, de nous challenger, d'apprendre les uns des autres, de nous respecter et de boxer nos vies ensemble. J'ai appris à être plus sage, moins dans le jugement, moins intransigeante, et beaucoup plus dans le ressenti et le moment présent. J'ai eu la chance d'être coachée par ma Aude, mon soleil. À distance, elle a su me rassurer, m'envoyer toutes les énergies positives pour accepter ces cinq semaines de folie. Être entouré des bonnes personnes est essentiel. Ne l'oubliez jamais, c'est la qualité de l'amitié et non le nombre d'amis qui compte.

Les deux premières semaines n'ont pas été si faciles ; mais j'étais à l'autre bout du monde dans un cadre magique, impossible pour moi de ne pas être heureuse. Je me suis créé ma bulle de bonheur avec Clark, j'ai éjecté tous les parasites, j'ai essayé de me concentrer sur mon bien-être profond et de vivre le moment présent sans penser au futur, sans penser aux galères, sans penser aux chamailleries de notre colocation, juste à nous. À ce qui me rendait heureuse là maintenant : lui.

Le déclic a eu lieu pendant une de nos randonnées. Au bout de vingt minutes de marche, j'ai déclenché un malaise, et il nous restait bien entre deux et quatre heures de marche. Donc, comment vous dire qu'on était mal embarqués...

Ces premières randonnées étaient magiques pour le groupe, mais horribles pour moi car j'avais honte d'être mal devant Clark et William. Mais je n'avais pas le choix. Même avec toute la motivation du monde, je ne peux contrôler pas mes malaises, je suis obligée de faire face.

J'ai été vie rassurée : Clark a tellement bien réagi ! Il ne m'a jamais fait comprendre ou ressentir que j'étais un poids pour lui, il a juste été patient, m'a fait rire, m'a motivée et il m'a fait oublier que j'étais malade et plus fragile que lui.

Ce voyage m'a fait prendre conscience que finalement j'étais bien loin de Paris, de son excitation et de cette exigence du travail qui ne me correspondaient plus. J'aime et j'aimerais toujours travailler, car ça fait partie de moi, mais je n'ai plus envie de passer à côté de ma vie pour un salaire ou pour une carrière. J'ai vraiment compris ce dont j'avais envie et besoin pour être heureuse. J'aime le soleil, la chaleur, marcher pieds nus ; j'aime voir sourire les gens, prendre le temps de vivre. Tout ce qui fait de La Réunion un paradis sur Terre.

Bien sûr, je vais continuer de boxer ma vie, je ne vais pas vous lâcher ! Mais, aujourd'hui, j'aspire à une vie beaucoup plus simple, moins surfaite, moins présente sur les réseaux sociaux, plus vraie.

BOXER SA VIE POUR ÊTRE EN ACCORD AVEC SOI-MÊME.

Insta vs Reality

Que se passe-t-il réellement derrière une photo, derrière un post, derrière un sourire, derrière un filtre ? Pense-t-elle réellement ce qu'elle dit ? Pourquoi cette photo ne marche pas ? Pourquoi ce profil est-il suivi plus que moi ? Pourquoi ce # ? Instagram est devenu une jungle et il devient difficile de répondre à tous ces pourquoi. Mais il est bon et normal de se les poser ! En tout cas, c'est ce que je pense.

Il n'y a aucune règle exacte, mais Instagram est devenu un travail avec exigence redoutable, et parfois une intolérance sans faille et un mépris méprisable. Suis-je heureuse d'être sur Instagram ? Je n'en suis pas si sûre. Quand j'arrive à apporter quelque chose, quand il y a un échange, un retour, quand j'ai la liberté de communiquer sur mes sujets, de me confier, de vider mon sac? alors OUI, j'aime Instagram. Mais quand tout est passé au crible, contrôlé et jugé, là je dis NON.

Ai-je un avenir sur Instagram ? Je n'en ai aucune idée. Les tableaux d'agence d'influence vous diront que je n'ai pas une bonne audience, qu'il n'y a pas assez de likes ni de commentaires sur mes photos et que je n'investis pas assez d'argent et de temps sur Instagram... Mon agent dirait que je suis en route, que j'ai ma place et que c'est une question de temps. Eh, oui ! J'ai un agent ; l'incroyable Julia. Après plusieurs arnaques insta, les questions sur le droit à l'image, les petites lignes des contrats, ceci n'étant vraiment pas mon dada, avoir une Julia à mes côtés est un bonheur. Elle gère les budgets, les relance et les contrats, etc. C'est un gain de temps, un pur kiff !

Mon analyse purement stratégique s'arrête au fait que j'ai une audience qui se convertit. J'ai la chance d'avoir une communauté fiable sur mes événements, sur mes lancements de produit et selon moi, elle est là ma réussite.

Grâce à Instagram j'ai eu la chance de rencontrer des gens extraordinaires, car oui il y en a sur Instagram mais comme partout parfois tu peux être déçu voire être réellement surpris. J'ai eu la chance de rencontrer des femmes et des hommes incroyables aussi bien sur la toile que dans la vraie vie. Des personnes au grand cœur, vraies, humaines, passionnées par leur discipline comme l'incroyable Sarah Ourahmoune, le boxer Cyril Benzaquen aussi gentil que drôle, sans s'oublier le grand et l'unique Franck Petitjean qui m'a accompagnée sur beaucoup de mes événements comme un vrai partenaire et un coach en or. Il vous dira que je suis la pire élève au monde, avec les playlists les plus vintage, mais je l'adore ! Toujours dans le sport, j'ai eu la chance de rencontrer des coachs dingues comme ma Mathilde d'amour, d'une droiture et d'une douceur extrême. On est le yin et le yang, et je suis tellement fier de faire avec elle nous week-end Yoga les #boxetonflow ! Je n'oublie pas la pétillante Alexandra. Je l'ai rencontrée en tant qu'élève chez Dada et aujourd'hui elle est devenue une prof de yoga incroyable ! Big up à mon Yannis qui a relevé le challenge de me faire courir 21 km !

Sur Instagram, j'ai aussi rencontré des femmes exceptionnelles appartenant au collectif « Les nanas de Paname » : la fondatrice Chloé Bonnard et également une photographe

SHOCK ABSORBER

Hakuna
Matata

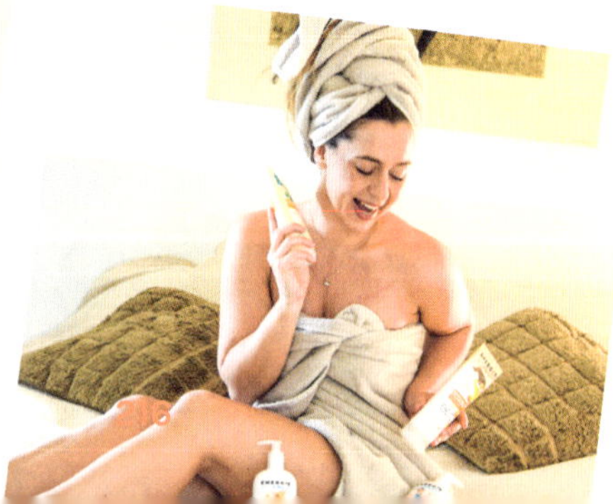

POINT BARRE
POINT BARRE

hors pair (si je n'avais pas mon papa, je passerais ma vie derrière son objectif), mais aussi ma Linda, une cuisinière de folie, sans oublier la Queen Julie reine du selflove, et le meilleur pour la fin, Armonie ma business girl, mon gourou, mon mentor et peut-être la seule que j'écoute et qui arrive à me faire remplir des tableaux administratifs (Armo, je t'aime, bientôt PE !)

L'une de mes plus belles rencontres grâce aux réseaux : ma Camille. Je l'ai rentrée directement chez Dada. Ça a été un coup de cœur. Tu sais tout ce que je pense de toi, ne change jamais.

Sur Insta, j'ai aussi rencontré des entrepreneuses de folie comme Claire Suco, la fondatrice de Meuf Paris. Eh, oui les filles ! Le tout premier shooting de la marque s'est fait chez Dada, si ça, ce n'est pas la classe ? Mais aussi la brillante Camille Azoulay, fondatrice de la marque Funky Veggie et sans oublier l'exceptionnelle Justine Hutteau fondatrice de la marque de cosmétiques Respire !

J'en oublie tellement un grand merci Instagram pour toutes ces rencontres !

INSTAGRAM C'EST MAGIQUE MAIS COMME POUR LA VIE IL FAUT CONNAÎTRE SES LIMITES ET LES RÈGLES DU JEU. SI TU LES APPLIQUES, LA PARTIE NE PEUT ÊTRE QUE BONNE !

Conclusion

Nous voici arrivés au terme de notre voyage. Attachez vos ceintures et préparez-vous pour l'atterrissage !

Après cinq ans d'excès durant lesquels je me suis noyée dans le travail et les likes, seule béquille que j'avais trouvée pour affronter la vie, pour combler mes manques, je suis enfin bien dans mes baskets. Je sais que je peux me faire confiance, que j'ai la capacité de rebondir quelles que soient les épreuves que le destin mettra sur ma route.

Le travail fait toujours partie de moi, je continue de boxer la vie, mais de façon différente, plus sereine, sans artifices. « Je suis, je fais, j'ai. » C'est ma priorité.

Ces cinq ans de réflexion se terminent par ces cinq semaines d'affirmation : oui, je suis enfin à ma place ; oui, j'ai choisi de vivre une vie qui se rapproche de ce que je suis au fond de moi. La transition est difficile, car comme tout le monde j'ai toujours mes petits démons – la réussite par toujours plus de travail, l'envie d'aller toujours plus loin –, mais je suis désormais reconnaissante des bonheurs simples qui jalonnent ma vie, et c'est sur ces valeurs que je construirai ma famille. Le travail contribue à la réussite. Le fruit de tes efforts, ton investissement créé ta réussite et te rend heureux.

Si je devais ne retenir qu'un enseignement de mon parcours jusqu'à aujourd'hui, ce serait de **TOUJOURS CROIRE EN SES RÊVES ET QUE TOUT EST POSSIBLE**.

Offre-toi la possibilité de choisir ta vie, celle que tu décides de vivre pour toi... J'analyse, je combats et j'assume. Fais-toi confiance et n'oublie jamais VIS POUR TOI.

Mon parcours est une métaphore du parcours de chacun. C'est notre parcours à tous, celui d'une nana normale, avec une famille normale, une grosse rupture normale, beaucoup de travail, quelques déceptions, des amis, de l'amour et des emmerdes... La vie quoi ! **MA FORCE, NOTRE FORCE : LA RÉSILIENCE ET LA CAPACITÉ À REBONDIR FACE À L'ÉCHEC !** N'oubliez jamais : NOUS SOMMES DS GUERRIÈRES !

WHO RUN THE WORLD? GIRLS[7]

7. Beyonce, « Run the world », 4, 2011.

Remerciements

C'est sûrement ma partie préférée, les remerciements. Oui, il faut être reconnaissant et dire merci autant de fois qu'on le peut ! Donc un énorme MERCI à vous mes lecteurs de ne pas avoir abandonné et d'être resté jusqu'à ces dernières lignes.

Merci à vous mes 20 000 abonnés. À vous mes 600 guerrières du programme « Boxe ta vie » ! Un grand merci à vous tous de m'avoir suivie dans mes folies, d'avoir soutenu tous mes projets de m'avoir donné la force de continuer et de ne jamais lâcher. Sans vous, j'aurais abandonné depuis bien longtemps.

Merci à Élise sans qui rien n'aurait été possible. Ce n'est pas seulement mon éditrice. Elle a su m'ouvrir et me faire baisser la garde pour me confier auprès de vous, d'elle . Elle a été patiente, douce et surtout elle me protège ! Je suis très reconnaissante d'avoir croisé son chemin et je suis sûre que notre histoire ne fait que commencer !

Merci à mes proches qui me supporte tous les jours avec mes *up and down*, avec toutes mes remises en questions mes doutes, mes folies. Un grand merci à mes parents sans qui je n'aurais pas pu être là à vous dire merci, à vous raconter mon expérience. Merci à eux de s'être aimés, d'avoir fait trois jolies enfants car sans mes sœurs je ne suis rien, et surtout de me faire confiance et de me laisser vivre ma vie ! De m'avoir laissé raconter nos histoires, nos secrets, nos blessures. Je vous aime !

Et un grand merci à ma Mamie Céline. Sans toi, je n'aurais jamais accepté d'écrire ce livre. J'ai accepté ce projet pour toi en espérant que de là où tu es, tu es fière de moi. J'espère que tu arriveras à lire ses lignes. Tu me manques tous les jours un peu plus mais je sais que tu es là et je sais que tu m'envoies tous ces signes. Je t'aime

Merci à toi Nathanaël ! Tu sais très bien quoi qu'il arrive : BBK.

Merci à toi ma Aude, une lumière, un soleil une énergie, un bonheur.

Merci à Véronique Kayak à qui je dois beaucoup.

Merci à tous les dadaadicts, mes partenaires, mes coachs, mes amis qui ont contribué de près ou de loin à ces cinq années de folies : Rawai Muy Thai, Planete Enfant et développement, Anahata Voyage, Westfield Forum des Halles, GO Sport, Foodspring, Ocean Apart, ADIDAS, Ifundwomen, Upshow

Conseil, Sarah Hammadeh Gosportcrew, Mathilde Guibert YogiFit, YaniSport, Sarah Chetoui, Ella Megalowfood, Linda Letscooktonite, Chloe Bonnard, Claire SuCo, Camille Azoulai, Mariette Thizy, Camille Carnel, Julie lafillequiadestaches, Julia Albert Goldman, Nathanael Ohayon, Julie Lucas, Flore Hutchings, Aline Olivry, Sophie Rolland, Margaux Moulin, Clémence Fournival, Deborah Moames, Charlotte Depoorter, Fanny Palazo, Servane Orinel, Franck Petit jean, Armonie Bellepeau Crochet, Yorick Duthen, Arnold Benoist, Kitty Challier, Thierry Bessis, Albert Ohayon, Maeva Bessis, Stessy Bessis, Jacqueline Bessis, Brigitte & Family Sebag, Celine & Family Tran.

Je dédie ce livre à Germaine Chalier et Sylvain Bessis .

Je vous aime

Kelly.

NE PASSEZ PAS VOTRE VIE À LA CONTEMPLER, VIVEZ-LA !

N° d'édition : L.01EPMN001216.N001

Dépôt légal : mai 2021

Achevé d'imprimer en mai 2021 par Macrolibros, Espagne